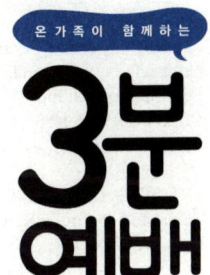

3-MINUTE DEVOTIONS FOR FAMILIES
by Janice Thompson

Copyright ⓒ 2015 by Barbour Publishing, Inc.
Originally published in English under the title *3-Minute Devotions for Families*
published by Barbour Publishing, Inc., 1810 Barbour Drive,
Uhrichsville OH 44683, USA
All rights reserved.

Korean Edition published by Word of Life Press, Seoul 2016
Translated and published by permission.
Printed in Korea.

온 가족이 함께하는
3분 예배

ⓒ 생명의말씀사 2016

2016년 12월 9일 1판 1쇄 발행
2024년 9월 25일   9쇄 발행

펴낸이 | 김창영
펴낸곳 | 생명의말씀사

등록 | 1962. 1. 10. No.300-1962-1
주소 | 서울시 종로구 경희궁1길 6 (03176)
전화 | 02)738-6555(본사) · 02)3159-7979(영업)
팩스 | 02)739-3824(본사) · 080-022-8585(영업)

기획편집 | 정설아, 유영란
디자인 | 조현진, 김혜진
인쇄 | 영진문원
제본 | 다온바인텍

ISBN 978-89-04-16568-1 (03230)

저작권자의 허락 없이 이 책의 일부 또는 전체를
무단 복제, 전재, 발췌하면 저작권법에 의해 처벌을 받습니다.

온 가족이 함께하는

3분 예배

제니스 톰슨 지음 | 히스 바이크 옮김

생명의말씀사

날마다 하나님을 예배하는

기쁨이 가득한

가정이 되길 소망합니다.

머리말

온 가족이 함께
하나님의 임재를 경험하는
소중한 3분

우리는 매일 잠깐이나마 온 가족이 모여 하나님과 함께하며 영감을 얻고, 서로를 격려할 수 있는 시간을 간절히 원합니다.

모든 영적 지혜와 격려의 참된 근원이 되는 하나님의 말씀에서 중요한 부분들을 모아 『온 가족이 함께하는 3분 예배』로 엮었습니다. 한 손에 쏙 들어오는 이 작은 묵상집을 한 장 한 장 넘기다 보면, 3분이라는 짧은 시간 동안에도 우리를 인도하시는 하나님을 경험할 수 있을 것입니다.

1분 : 하나님의 말씀을 읽으며 우리 삶을 비추어 봅니다.
2분 : 실제 삶에 적용하는 내용을 읽으며 용기와 격려를 얻습니다.
3분 : 함께 기도합니다.

이 묵상집이 심층적인 말씀 연구나, 깊이 있는 개인 성경 공부를 대신할 수는 없습니다. 그러나 가족들이 매일 하나님과 함께 하는 습관을 기르는 데 도움을 얻기 위한 첫 출발로 삼으면 될 것입니다.

주의 말씀은
내 발에 등이요 내 길에 빛이니이다
시편 119:105

하나님을 기쁘시게 하는 사람

> 이제 내가 사람들에게 좋게 하랴 하나님께 좋게 하랴
> 사람들에게 기쁨을 구하랴 내가 지금까지 사람들의
> 기쁨을 구하였다면 그리스도의 종이 아니니라
> **갈라디아서 1:10**

사람이 아닌 하나님을 바라보며 살아야 한다는 것을 기억하기가 늘 쉬운 일은 아닙니다. 어려서부터 우리는 선생님, 부모님, 친구 등 다른 사람들을 기쁘게 하려고 노력합니다. 나이가 들어가면서도 계속 그렇게 교수님, 직장 상사, 예비 시댁과 처가 식구 등 많은 사람을 기쁘게 하고 만족하게 하려고 애를 쓰지요. 인생의 황금기가 찾아와도 여전히 다 자란 자녀를 기쁘게 해주고 싶어 하는 우리의 모습을 보게 됩니다.

다른 사람들을 만족하게 하고 싶은 유혹에서 자유로울 수 있는 순간은 결코 없습니다. 사람들을 기쁘게 하고 싶은 마음을 내려놓고, 하나님 한 분만을 기쁘시게 하는 데 우리의 초점을 맞춘다면, 진정한 자유와 기쁨을 누리게 될 것입니다. 우리가 하는 모든 일은 오직 하나님 한 분만을 위한 것이어야 합니다.

하나님 아버지, 다른 모든 사람보다 하나님을 기쁘시게 하려고 노력하는 우리 가족이 되게 하소서. 제일 어린 막내부터 나이가 가장 많은 사람까지, 우리 가족 모두가 사람을 만족하게 하려는 마음을 내려놓고, 하나님만을 기쁘시게 하는 사람이 되겠다고 결심할 수 있기를 원합니다.

받아 주시는 하나님

> 그러므로 그리스도께서 우리를 받아 하나님께 영광을
> 돌리심과 같이 너희도 서로 받으라
> **로마서 15:7**

우리가 누군가에게 받아들여진다는 말은 인정받고 용납받는다는 뜻입니다. 솔직히 우리는 모두 인정받기를 원합니다. 어쩌면 자기가 속한 공동체나 가정에서 아무에게도 관심을 받지 못하고 있다고 느끼는 사람이 있을지 모릅니다.

그런데 오늘 기쁜 소식을 전하겠습니다. 하나님이 여러분을 알고 계십니다. 그분은 우리를 용납하시고 인정해 주십니다. 우리를 믿어 주시고, 무엇보다도 우리가 하나님께 속한 그분의 자녀라는 사실을 우리가 알길 원하십니다. 그분은 "받아들여진다"는 기분을 우리가 가족들과 내 주변의 다른 사람들에게 나눠 주길 원하십니다. 우리가 다른 사람들을 받아들일 때, 우리는 하나님이 바라시는 대로 그들을 대하고 있는 것입니다.

주님, 우리를 받아들여 주셔서 너무나 행복합니다. 주님이 우리를 인정해 주셨습니다! 하나님 아버지, 우리도 다른 사람들을 받아 줄 수 있도록 가르쳐 주소서. 우리와 너무나 다른 사람들까지 말입니다. 어느 누구도 판단하고 싶지 않습니다. 주님이 그러셨던 것처럼 우리도 친절하게 사람들을 용납하는 법을 배우고 싶습니다. 오늘 우리가 만나는 모든 사람을 어떻게 대해야 할지 알려 주소서.

기도

**내 이름으로 일컫는 내 백성이 그들의 악한 길에서 떠나
<u>스스로 낮추고 기도하여 내 얼굴을 찾으면</u>
내가 하늘에서 듣고 그들의 죄를 사하고 그들의 땅을 고칠지라
역대하 7:14**

　하나님을 믿는 사람들의 삶에서 기도는 매우 중요한 부분입니다. 하나님을 사랑한다고 하면서 그분과 대화하고 그분의 음성을 듣는 일에 시간을 들이지 않는다면, 하나님과의 관계는 아무래도 약해질 수밖에 없을 것입니다.

　하나님은 기도하는 사람들에게 말씀을 통해 특별한 약속을 주십니다. 우리가 죄에서 돌아서서 겸손하게 자신을 낮추고 주님께 부르짖으면, 하나님은 우리 기도를 들으실 뿐 아니라, 우리를 용서하시고 고쳐 주십니다. 하나님은 어떤 것을 고쳐 주실까요? 우리 마음과 우리 가정, 그리고 우리가 속한 공동체를 치유해 주십니다. 기도의 능력에 관해 이야기를 나누어 보세요!

주님, 주님이 우리를 기도의 자리로 불러 주셨습니다. 오늘 우리 가족을 주님의 방으로 인도해 주소서. 함께 무릎 꿇고 세상을 변화시킬 기도를 드리길 원합니다. 주님은 우리의 기도가 우리 가정과 공동체, 그리고 우리가 사는 세상을 변화시킬 것이라고 약속해 주셨습니다. 우리는 모든 해답을 알 수 없지만, 주님은 모든 것을 알고 계십니다. 감사합니다, 아버지.

갈등 해결

> 모든 일을 원망과 시비가 없이 하라 이는 너희가 흠이 없고 순전하여
> 어그러지고 거스르는 세대 가운데서 하나님의 흠 없는 자녀로
> 세상에서 그들 가운데 빛들로 나타내며 생명의 말씀을 밝혀
> 나의 달음질이 헛되지 아니하고 수고도 헛되지 아니함으로
> 그리스도의 날에 내가 자랑할 것이 있게 하려 함이라 **빌립보서 2:14-16**

모든 일을 투덜거리지 않고 합니까? 가정에서는 어떤지요? 이것이 현실적으로 가능한 일일까요? 다양한 개성을 가진 사람들과 함께 일하면서 정말 불평 없이 살 수 있을까요? 매번 그렇게 살 수는 없겠지만, 우리가 원하고 바라는 것보다 다른 사람들에게 필요한 것들을 먼저 배려하려고 노력한다면, 다 함께 평화롭게 사는 삶이 가능해집니다.

하나님은 우리가 사이좋게 더불어 살면서 별처럼 빛나는 삶을 살길 간절히 바라십니다. 오늘, 모든 다툼을 멈추기로 해보십시오. 우리 마음에 평안이 찾아오는 것은 물론이고, 다른 사람들이 우리의 본을 보며 배우게 될 것입니다.

주님, 우리 가족 모두가 평화롭게 지내길 간절히 원합니다. 서로 용서하고, 서로에 대한 비난을 멈추며, 자신이 옳다고 주장하는 마음을 내려놓을 수 있도록 우리를 인도해 주소서. 자신의 이기심을 포기할 때, 모든 갈등이 진정으로 해결되리라 믿습니다.

다른 사람들을 사랑하기

네 마음을 다하고 목숨을 다하고 뜻을 다하고 힘을 다하여
주 너의 하나님을 사랑하라 하신 것이요
둘째는 이것이니 네 이웃을 네 자신과 같이 사랑하라 하신 것이라
이보다 더 큰 계명이 없느니라 **마가복음 12:30-31**

하나님을 믿는 사람은 하나님을 사랑하는 것이 형통한 삶으로 가는 길이라는 것을 알고 있습니다. 하지만 다른 사람들을 사랑하는 것은 늘 그렇게 쉬운 일은 아닙니다. 왜 그렇습니까? 하나님과는 달리, 우리가 살면서 만나는 사람들은 우리를 실망하게 하기 때문입니다. 그들은 우리의 기대에 미치지 못합니다. 나머지 구절을 읽는 것이 중요한 이유가 여기에 있습니다. "네 자신과 같이"라는 말을 넣어서 읽으면 전체 말씀이 이해되기 시작합니다.

우리는 자신의 흠은 잘 용서합니다. 그러나 사랑하는 사람들에게 그와 같은 아량을 베풀기는 주저하곤 하지요. 다른 사람들을 진정으로 사랑한다는 것은 나와 그들을 나누어 생각하게 하는 태도들을 속히 버리는 것을 말합니다. 이렇게 할 때, 하나님의 사랑이 우리를 통해 흘러갑니다.

주님, 이 세상에 살면서 다른 사람들을 사랑하는 것이 얼마나 중요한 일인지 다시 한 번 알려 주셔서 감사합니다. 사랑하기 힘든 사람들까지 사랑할 수 있도록 우리에게 사랑하는 법을 가르쳐 주소서. 가장 복잡한 상황 속에서도 다른 이들을 은혜로 끌어안을 수 있는 용기를 주소서.

배움에 대하여

**또 어려서부터 성경을 알았나니
성경은 능히 너로 하여금 그리스도 예수 안에 있는 믿음으로 말미암아
구원에 이르는 지혜가 있게 하느니라** 디모데후서 3:15

우리는 어릴 때부터 온갖 것들을 배우게 됩니다. 언어, 숫자, 읽기, 쓰기 등 배워야 할 것들이 넘쳐 나지요. 하나를 배우고 나면 배울 것들이 더 많아집니다. 고등학교와 대학교를 졸업해도 배움에는 끝이 없습니다. 이 땅에서의 삶을 마칠 때까지 우리는 끊임없이 배우고 또 배우겠지요. 그런데 영적인 삶은 왜 다를 거라고 생각하는 걸까요?

살면서 수많은 배움을 얻는다 해도, 우리는 여전히 실수하고 넘어지고 다시 일어나 도전을 합니다. 나이와 상관없이 이러한 배움의 굴곡은 계속 반복됩니다. 그러므로 서로에게 은혜를 베풀고 예의 바르게 대하는 것이 너무나 중요합니다. 특히 가족끼리는 더욱 그렇습니다. 일이 엉망이 되기도 할 것입니다. 물론입니다. 그런 일은 분명 일어납니다. 우리에게 용서와 은혜를 베푸시는 주님을 찬양합시다!

하나님 아버지, 당신은 정말 훌륭한 선생님이십니다. 언제나 우리를 따뜻하고 친절하며 성실하게 가르쳐 주십니다. 수없이 비틀거리고 넘어지는 우리를 용서해 주셔서 감사합니다. 우리를 선택해 주신 주님, 감사합니다. 우리도 다른 사람들에게 그와 같은 은혜를 베풀어 줄 수 있도록 도와주소서.

친절

> 네 원수가 배고파하거든 음식을 먹이고
> 목말라하거든 물을 마시게 하라 **잠언 25:21**

 가족들은 맛있는 음식을 먹으며 식탁에 둘러앉는 것이 어떤 것인지 잘 압니다. 웃으면서 그날 있었던 일을 이야기하며 맛있는 음식으로 배를 채우다 보면 모두 하나가 되지요. 우리가 사랑하고 믿는 사람들에게 음식을 베푸는 것은 쉬운 일입니다. 그런데 성경은 우리의 원수들을 먹이라고 말씀하고 있습니다. 왜일까요? 어떻게 하면 견디기 힘든 사람들을 너그럽게 대하며 우리의 즐겁고 풍성한 시간을 나눠 줄 수 있을까요? 도저히 할 수 없을 것 같은데 말입니다.

 그러나 그것은 분명 하나님이 우리에게 하라고 하신 일입니다. 우리는 원수에게 우정의 손길을 내밀어야 합니다. 다른 사람들과 서로 사이좋게 살아가는 법을 배우는 동안 진정한 평안이 찾아오기 때문입니다. 결코 쉽지 않은 일이지만, 분명 가치 있는 일입니다.

 주님, 우리는 식탁에서 가족과 함께 보내는 시간을 사랑합니다. 웃으며 이야기를 나누는 그 순간들이 얼마나 멋진지요. 사랑하는 사람들에게 음식을 베푸는 것은 어려운 일이 아닙니다. 그러나 오늘 주님께 간구하오니 우리의 원수들을 먹일 수 있도록 도와주소서. 불가능해 보이는 순간에도 우리를 인도해 주소서.

하나님께 꼭 붙어 있기

그러나 요나가 여호와의 얼굴을 피하려고 일어나 다시스로 도망하려 하여
욥바로 내려갔더니 마침 다시스로 가는 배를 만난지라
여호와의 얼굴을 피하여 그들과 함께 다시스로 가려고
배삯을 주고 배에 올랐더라 **요나 1:3**

"아, 이 문제에서 벗어나고 싶다." 우리는 이 말을 하는 심정이 어떤 것인지 잘 알고 있습니다. 문밖으로 뛰쳐나가고 싶을 만큼 어려운 문제들을 만날 때도 있지요. 요나도 분명 이런 마음을 잘 알았습니다. 그런데 하나님은 우리가 힘겨운 일을 맞이할 때도 용기를 내길 원하십니다. 결코 쉬운 일은 아닙니다.

우리는 도망치다가 결국 고래 배 속에 들어가는 경험을 할 때가 종종 있습니다. 절대로 즐겁지 않은 경험이지요! 하나님께 꼭 붙어 있으면서 그분이 말씀하시는 대로 하십시오. 정말 어려운 일일지라도 말입니다.

주님, 무조건 도망쳐 버리고 싶을 때가 있습니다! 주님이 하라고 하시는 일들이 도저히 불가능해 보일 때도 있습니다. 하지만 하나님 아버지만이 가장 좋은 길을 아십니다. 결국 고래 배 속에 들어가는 일은 원치 않습니다. 모든 상황 속에서 주님께 순종하며 나아가고, 주님의 뜻 가운데 머물도록 우리를 인도해 주소서.

우리의 가치

> **두려워하지 말라 너희는
> 많은 참새보다 귀하니라** 마태복음 10:31

우리는 나이에 상관없이 여전히 자신이 부족하고 무능하다는 기분을 느낍니다. 그럴 때는 참 힘이 들지요. 어려서는 반 친구들과 자신을 비교하고, 나이가 들어서는 집과 은행 통장, 심지어 타고 다니는 자동차까지 남들과 비교합니다. 우리가 세상의 기준에 맞춰 자신을 비교하지 않는다면, 그런 기분은 훨씬 줄어들 것입니다.

하나님은 많은 참새보다 우리를 더 귀하게 보십니다. 가치 있는 존재가 되려고 무언가를 할 필요가 없습니다. 정말 놀랍고 멋지지 않은가요? 그것은 하늘에 계신 아버지께 우리가 점수를 얻은 결과가 아닙니다. 그분은 우리를 사랑스럽게 바라보시고, 가치 있게 여겨 주십니다. 그저 우리가 그분의 것이라는 이유만으로 말입니다.

주님, 우리를 사랑해 주셔서 너무나 감사합니다. 단지 우리가 주님의 자녀라는 이유만으로 이처럼 존귀하게 대해 주시니 감사합니다. 아버지와 함께 있을 때는 우리가 부족하다는 느낌이 사라집니다. 우리가 가치 있는 존재라는 것을 알게 해주셔서 감사드립니다.

큰 장애물과 마주하기

**블레셋 사람들의 진영에서 싸움을 돋우는 자가 왔는데
그의 이름은 골리앗이요 가드 사람이라 그의 키는 여섯 규빗 한 뼘이요**
사무엘상 17:4

우리는 장애물을 얼마나 두려워하는지 모릅니다. 우리를 가로막은 장애물은 아주 거대하고 도저히 통과할 수 없을 것 같아 보입니다. 살살 기어서 그 위를 넘어가야 할지, 주변을 빙 돌아 지나가야 할지, 아니면 어떻게든 정면으로 뚫고 가야 할지 고민하며 두려움과 떨림으로 그들과 마주 섭니다.

그런데 우리는 장애물이 무엇인지 보기보다는 순간의 상황만 바라보게 됩니다. 우리는 성령님의 눈으로 삶의 장애물을 보아야 합니다. 그것이 강력한 골리앗처럼 보일 수도 있겠지만, 어린 소년이 큰 믿음으로 그를 바라보며 돌멩이 몇 개를 던졌더니, 그 골리앗도 땅에 거꾸러졌습니다. 하나님이 우리 편에 계시면 장애물쯤은 아무것도 아닙니다.

아버지, 우리 가정에 일어나는 삶의 장애물이 주님께는 아무것도 아닌 작은 문제라는 사실이 너무나 기쁩니다. 강력해 보였던 골리앗도 믿음으로 충만했던 소년 다윗에 비하면 나약한 존재였다는 것을 다시 기억나게 해주셔서 감사합니다. 주님, 우리도 다윗처럼 되고 싶습니다. 하나님이 크신 것처럼 큰 믿음을 우리에게 허락해 주소서.

굳건하게 서기

**끝으로 너희가 주 안에서와 그 힘의 능력으로 강건하여지고
마귀의 간계를 능히 대적하기 위하여 하나님의 전신 갑주를 입으라
에베소서 6:10-11**

악하고 무서운 존재가 다가오는 것을 보면, 우리는 뒤로 돌아서서 도망쳐 버리곤 합니다. 구석에 웅크리고 숨어 버리거나 머리까지 이불을 뒤집어쓰기도 하지요. 적들이 우리를 향해 나아올 때 굳게 서서 그들에게 맞서는 일은 거의 없습니다.

하지만 하나님은 우리가 그들을 대적해야 한다고 분명히 말씀하시며 격려해 주십니다. 가장 중요한 것은 도망치는 것이 아니라 우리의 발로 굳게 서서 적을 똑바로 쳐다보는 것입니다.

주님, 우리가 굳게 설 수 있도록 용기를 주시니 감사합니다. 적들이 덮쳐 올 때도, 주님의 거룩한 전신 갑주를 입고 있으면 우리는 안전합니다. 주님이 곁에 계시면 우리는 항상 승리할 것입니다.

하늘의 무지개

**내가 내 무지개를 구름 속에 두었나니
이것이 나와 세상 사이의 언약의 증거니라
창세기 9:13**

대부분의 사람들은 집에 도둑이 들어 물건을 훔쳐 갈 수도 있다는 사실을 생각조차 하기 싫어합니다. 만약의 경우를 떠올리는 것만으로도 몸이 움츠러들지요. 하지만 물건뿐 아니라 우리의 소망도 도둑맞을 수 있습니다! 우리는 이 소중한 소망을 적들이 빼앗아 가도록 마냥 내버려 둘 때가 너무나 많습니다. 우리가 소망 없이 사는 것은 절대로 하나님이 계획하신 모습이 아닙니다.

노아가 아라랏 산에 내린 후, 하나님이 하늘에 무지개를 놓아두신 이유는 무엇일까요? 아름답게 가지런히 떠 있는 찬란한 색깔들을 볼 때면 노아는 하나님의 약속을 기억했고, 그 약속은 노아에게 소망을 주었습니다.

우리도 하나님이 우리에게 주신 약속을 꼭 기억해야 합니다. 그러면 결코 절망하지 않을 것입니다. 다음번에 적들이 우리의 소망을 빼앗으려 할 때는 그가 속임수를 쓰고 있다는 사실을 알아채야 합니다. 그가 이기게 둘 수는 없지요.

하나님 아버지, 우리는 하늘에 무지개가 뜨기를 기다릴 필요가 없습니다. 다만 우리가 할 일은 우리와 함께하시며, 절대 우리를 떠나거나 버리지 않으시겠다는 당신의 약속을 기억하는 것뿐입니다.

평안으로 하나 되기

> 모든 겸손과 온유로 하고 오래 참음으로
> 사랑 가운데서 서로 용납하고 평안의 매는 줄로
> 성령이 하나 되게 하신 것을 힘써 지키라
> **에베소서 4:2-3**

겸손과 온유, 오래 참음의 모습을 보이며 사는 것이 가정 안에서 진정 가능한 일일까요? 우리는 대부분 자신이 최고라고 생각하기 좋아합니다. 그 사이에 겸손은 사라져 버리지요. 형제자매와 부모님, 자녀를 대하는 태도에서 온유하지 못한 모습을 보일 때가 많습니다.

솔직히 말해서 다른 사람들과 함께 사는 것은 너무 어려운 일입니다. 그래서 우리는 이와 같은 성경 말씀을 매일 읽어야 합니다. 하나님의 자녀라면 나이에 상관없이 하나님이 우리를 대하시듯 다른 사람들을 대해야 한다는 사실을 매일 떠올려야 하니까요. 그렇다면 언제까지 말씀을 기억하며 따라가야 합니까? 그 답은 "영원히!"입니다.

주님, 우리는 주님이 기대하시는 만큼 항상 온유하지도, 오래 참지도 못합니다. 원하는 것을 당장 갖고 싶어 할 때도 있고, 주님이 사람들을 대하시듯 우리도 다른 사람들을 대하라고 하신 말씀도 너무나 쉽게 잊어버립니다. 하나님 아버지, 우리가 주님의 말씀을 잊지 않도록 도와주소서. 우리도 주님처럼 서로 사랑하며 살고 싶습니다.

아낌없이 베푸는 삶

주라 그리하면 너희에게 줄 것이니 곧 후히 되어 누르고 흔들어
넘치도록 하여 너희에게 안겨 주리라 너희의 헤아리는 그 헤아림으로
너희도 헤아림을 도로 받을 것이니라 **누가복음 6:38**

우리는 돌려받으려고 베푸는 것이 아닙니다. 그랬다면 정말 이기적인 마음이겠지요. 하나님은 우리가 나누어 주는 것들이 우리에게 다시 돌아올 거라고 분명히 말씀하셨습니다. 조금 돌아오는 정도가 아니라 우리가 상상할 수 없을 정도로, 우리가 나눈 것들보다 훨씬 더 많이 되갚아 주신다고 하셨습니다. 베풀며 사는 이들의 삶은 정말 멋집니다!

어린아이들도 무언가를 줄 수 있습니다. 청소년이 되면 조금 더 베풀 수 있겠지요. 어른이 되면 나눔을 통해 다른 사람들을 축복하는 방법이 셀 수 없이 많아집니다. 이제 생각의 틀을 깨고 훨씬 더 큰 나눔에 대해 생각해 볼 때가 되었습니다. 꼭 돈이 있어야 나눌 수 있는 것은 아닙니다. 우리의 시간과 재능, 그리고 우리가 가진 소중한 것들을 나눌 수 있습니다. 사람들은 우리 가정을 보며 이렇게 말할 것입니다. "와! 정말 아낌없이 베푸는 사람들이구나!"

하나님 아버지, 우리 가족이 잘 나누는 가정으로 알려지기를 원합니다. 경제적인 나눔뿐 아니라 시간과 재능, 그리고 소중한 것들을 나누고 싶습니다. 주님, 모든 면에서 너그러워질 수 있도록 우리를 가르쳐 주소서.

결코 정죄함이 없나니

> 그러므로 이제 그리스도 예수 안에 있는 자에게는
> 결코 정죄함이 없나니 **로마서 8:1**

정죄한다는 말은 무슨 뜻일까요? 누군가를 정죄한다는 것은 그 사람을 깎아내리고 죄인으로 만드는 것입니다. 그를 꾸짖고 판단하는 것이지요. 우리는 다른 사람들을 너무 빨리 판단합니다. 그뿐 아니라 자신에 대해서도 서둘러 판단할 때가 많습니다. 실수를 저지르고 일을 망쳐 버린 자신을 용서하지 못합니다. 이 부분에서 아직 힘든 시간을 보내고 있다면, 오늘의 말씀을 다시 한 번 읽어 보세요. "그리스도 예수 안에 있는 자에게는 결코 정죄함이 없다."라고 성경은 말씀합니다.

예수님을 삶의 주인과 구세주로 받아들였다면, 예수님이 이미 우리의 모든 죄를 깨끗하게 씻어 버리셨습니다. 더는 죄 속에서 헤맬 필요가 없습니다. 주님이 함께하신다는 것을 의심할 필요도 없습니다. 주님은 우리를 눈처럼 희고 흠이 없는 어린양으로 바라보십니다. 그러므로 판단하지 마십시오. 다른 사람을 판단하지 말고, 자기 자신도 판단하지 마십시오. 판단하실 수 있는 유일한 분이 우리를 너무나 사랑하십니다. 우리가 일을 망쳐 버렸을 때조차 말입니다.

주님, 우리는 재판관도 배심원도 아니라는 것을 다시금 생각나게 해 주셔서 감사합니다. 나이와 상관없이 우리는 언제나 주님의 자녀입니다. 실수해도 우리를 용서해 주시는 하나님 아버지, 당신의 은혜와 자비에 정말 감사드립니다.

올바른 길

**마땅히 행할 길을 아이에게 가르치라
그리하면 늙어도 그것을 떠나지 아니하리라
잠언 22:6**

아름다운 길을 따라 걷는 시간은 정말 평화롭습니다. 그 길이 어디로 이어지는지 알면 더욱 특별한 평안을 경험하게 되지요. 길은 우리가 가야 할 곳으로 우리를 인도해 줍니다. 오른쪽으로 갈지 왼쪽으로 갈지 망설이지 말고, 그저 우리 앞에 놓인 그 길을 쭉 따라가기만 하면 됩니다. 그 길은 세심하게 준비된 길입니다.

가정생활도 이와 비슷합니다. 다만 우리가 어디를 향해 가고 있는지, 이 길을 따라가다 보면 어떤 걸림돌을 만날지 항상 확실히 알 수는 없습니다. 길바닥이 울퉁불퉁하거나 확실한 표지판이 없을 때도 있습니다. 그런 길을 걷게 되는 시기에는 기도해야 합니다. 하나님을 신뢰하며 하나님의 인도하심을 구해야 합니다. 그분이 우리 길을 인도해 주실 것입니다! 하나님은 가장 훌륭한 안내자이십니다.

주님, 우리의 발걸음을 옳은 길로 인도해 주셔서 감사합니다. 그 길에서 절대로 벗어나지 않게 도와주세요. 길이 평탄하지 않을 때도 우리의 모든 걸음을 인도해 주시는 주님을 신뢰합니다. 우리를 너무나 멋지게 인도해 주시는 하나님 아버지, 우리의 영적 안내자가 되어 주셔서 정말 감사합니다.

쓴맛

너희는 모든 악독과 노함과 분냄과 떠드는 것과 비방하는 것을
모든 악의와 함께 버리고 서로 친절하게 하며 불쌍히 여기며
서로 용서하기를 하나님이 그리스도 안에서 너희를 용서하심과 같이 하라
에베소서 4:31-32

쓴맛이 나는 레몬을 한 입 물어 본 적이 있습니까? 삼키기가 정말 힘들고, 입 안에도 쓴맛이 남아 있을 것입니다. 우리는 별 의도 없이 은연중에 쓴맛을 키울 때가 있습니다. 어떤 일이 있고 난 후에 남아 있는 씁쓸한 마음을 계속 방치해서 결국 곪아 터지게 만들어 버리지요.

레몬에 설탕을 넣어 레모네이드를 만드는 과정을 한번 생각해 보십시오. 용서는 마치 설탕과 같습니다. 설탕은 쓴맛을 달콤하게 만들어 본연의 맛을 되찾아 줍니다.

오늘, 심술을 부리고 싶은 마음이나 용서하지 않으려고 미적거리는 마음과 씨름하고 있다면, 설탕 그릇을 향해 손을 뻗어 보세요. 설탕 한 스푼이 우리의 상황을, 어쩌면 사람들과의 관계까지도 변화시킬 것입니다.

하나님 아버지, 쓰라린 마음을 계속 붙들고 사는 죄를 범할 때가 있음을 고백합니다. 그렇게 사는 것이 더 쉬웠습니다. 오늘 제 마음속의 화를 내려놓길 원합니다. 도와주세요, 주님. 이제 용서하길 원합니다. 우리가 용서를 베풀 수 있도록 도와주소서.

세대를 이어서

**대대로 주께서 행하시는 일을 크게 찬양하며
주의 능한 일을 선포하리로다**
시편 145:4

세대를 이어 간다는 말을 곰곰이 생각해 본 적이 있습니까? 마치 계단처럼 대대로 이어지는 우리 가문의 세대들을 떠올려 봅시다. 우리보다 먼저 오셨던 분들이 기초를 세우셨고, 거기서부터 한 계단 한 계단 오르고 또 올라 우리에게까지 이어졌지요! 그 계단은 계속 위로 더해지고 더해질 것이며, 우리가 세상을 떠난 후에도 여전히 계속 이어질 것입니다. 우리 자녀들, 우리가 양육하는 이들은 우리가 시작한 일들을 계속해 나갈 것이며, 때가 되면 그들 역시 우리가 물려준 유산을 그들의 다음 세대에게 전해 줄 것입니다. 그렇게 계속 이어지고 이어지겠지요.

우리의 삶을 주님께 드리고 세상과 구별된 삶을 살기로 헌신할 때, 그 유산은 우리 가문뿐 아니라 우리를 지켜보는 많은 사람의 삶까지도 변화시킬 수 있습니다.

하나님 아버지! 우리 가족들이 성장하고 변화하는 모습을 지켜보는 것이 얼마나 놀랍고 감사한지요! 우리 부모님, 조부모님, 그리고 이전 세대의 조부모님들을 생각할 때, 그들이 남겨 주신 믿음의 유산을 생각하지 않을 수 없습니다. 우리 역시 그 유산을 자녀에게 물려줄 수 있다는 것이 참으로 자랑스럽습니다. 주님, 감사합니다.

선택

**내가 원하는 바 선은 행하지 아니하고 도리어 원하지 아니하는 바
악을 행하는도다 만일 내가 원하지 아니하는 그것을 하면
이를 행하는 자는 내가 아니요 내 속에 거하는 죄니라
로마서 7:19-20**

　우리는 올바르게 행동하기를 간절히 원합니다. 처음부터 잘못된 행동을 하기로 작정하고 시작하는 경우는 거의 없지요. 대부분의 잘못된 선택은 생각할 겨를도 없이 순식간에 이루어집니다. 우리는 당황한 상태에서 잘못된 결정을 한 후에 후회하면서 살고는 합니다. 우리는 어쩔 수 없는 불완전한 인간이기에, 이 땅에 사는 한 계속 이런 식으로 살게 될 것입니다.

　그렇다 해도 우리는 완전하신 하나님의 모습을 따라 창조되었으며, 그분은 우리가 모든 면에서 하나님을 닮아 가길 간절히 원하십니다. 이따금 실패하며 살 수밖에 없는 우리이지만 옳은 일을 하기 위해 애써 노력해야 합니다. 죄에 주도권을 내줄 수는 없습니다. 비록 넘어진다 해도 우리는 다시 일어나 시작해야 합니다. 그 자리에 계속 넘어져 있고 싶은 유혹에 굴복할 수 없습니다. 그러므로 길을 벗어나지 마십시오. 우리가 살아가야 할 본을 보이신 예수님을 따라가십시오.

　하나님 아버지, 주님의 인도하심을 따라갈 수 있도록 우리를 가르쳐 주시고, 은혜를 베풀어 주셔서 감사드립니다. 이제는 우리가 죄를 따라 살 필요가 없다는 것을 깨달았습니다.

더 좋은 날들

**주께서 나의 슬픔이 변하여 내게 춤이 되게 하시며
나의 베옷을 벗기고 기쁨으로 띠 띠우셨나이다 시편 30:11**

우리는 모두 가족 구성원의 죽음과 같은 슬픔을 경험하게 됩니다. 슬픔을 겪는 동안은 고통 너머를 볼 수 없습니다. 행복한 내일이나 기쁨 넘치는 시기가 다가오리라고 생각하지 못하지요. 바로 그 순간에 겪는 일만을 생각하며, 그 고통이 평생 이어질 거라고 믿기도 합니다.

다양한 감정이 일어나는 가정 안에서도 우리는 우울한 상태로 머물러 있고 싶어집니다. 그러기에 우리가 지나는 모든 시기마다 하나님이 움직이고 계시다는 사실을 기억하는 일은 너무나 중요합니다.

지금 겪는 일이 좋은 일이든 나쁜 일이든 영원히 지속하지는 않습니다. 지난날을 돌아보며 "그때는 정말 힘들었지."라고 말할 날이 정말로 찾아옵니다. 마음속에 어떤 괴로움도 아픔도 없이 이 말을 하게 될 것입니다. 하나님은 우리의 슬픔이 변하여 춤이 되게 하겠다고 약속하십니다. 금방 해결될 일이 아닌 것 같습니까? 하나님이 하시면 하룻밤 사이에도 사라질 수 있는 일입니다.

하나님 아버지, 지금 우리 가족은 적어도 얼마 동안은 계속될 것만 같은 어려움을 겪고 있습니다. 우리가 다시 좋아질 날이 있을지 의심해 왔음을 주님께 고백합니다. 오늘 말씀을 통해 우리가 겪는 이 고통이 영원하지 않을 거라는 것을 깨닫게 해주셔서 감사합니다. 말씀을 통해 다시 기억하게 하시는 주님, 정말 감사합니다.

거부

> 세상이 너희를 미워하면 너희보다
> 먼저 나를 미워한 줄을 알라 **요한복음 15:18**

우리는 모두 사랑받고, 받아들여지길 원하며, 어딘가에 소속되고 싶어 합니다. 미움받는 사람이 되는 것은 그리 즐거운 일이 아닙니다. 거부당하고 멸시당하고 싶은 사람은 아무도 없습니다. 잔인하게 느껴지는 그 감정들을 계속 마음속에 품고 있을 필요는 없습니다. 만일 지금 함께 어울리던 친구들에게 따돌림을 당하고 있다면, 그 일 때문에 주눅 들지 마십시오. 적어도 너무 오랫동안 우울해하지는 않기를 바랍니다. 사람들이 우리를 어떻게 생각하는지가 우리의 가치를 결정하는 것이 아닙니다.

예수님도 사람들에게 멸시받고 거부당하셨음을 잊지 마십시오. 그분은 분명 우리를 이해하고 계십니다. 다시 말하자면, 그분은 우리가 당하는 일들을 몸소 겪으신 분입니다. 우리가 상처받고 있을 때, 예수님이 우리의 감정과 다른 부분들까지 모두 받아 주심을 알면 큰 위안을 얻게 됩니다. 우리의 깨어진 마음을 치유해 주시는 그분을 보며 우리가 얻을 수 있는 가장 큰 교훈은 무엇일까요? 다른 사람들을 거부하지 말아야겠다는 참으로 아름다운 배움입니다.

 주님, 사람들이 나를 사랑하지 않는 듯 보일 때도, 주님은 여전히 나를 사랑하신다는 확신을 주셔서 감사합니다.

어둠이 없으신 하나님

**우리가 그에게서 듣고 너희에게 전하는 소식은 이것이니
곧 하나님은 빛이시라 그에게는 어둠이 조금도 없으시다는 것이니라
만일 우리가 하나님과 사귐이 있다 하고 어둠에 행하면
거짓말을 하고 진리를 행하지 아니함이거니와** 요한일서 1:5-6

우리는 누구도 부인할 수 없는 어둠의 시대를 살고 있습니다. 문득 우리 가정에 대한 염려가 밀려옵니다. 어린 시절의 순수함은 오래전에 사라지고, 저녁 뉴스를 보며 느끼는 두려움과 부정적인 감정들이 그 자리를 채워 버린 것 같습니다. 또 아이들의 순수성을 위협하는 광고들의 끝없는 맹공격 속에서 자녀들이 무사할 수 있을지 염려됩니다.

하나님이 빛이라는 사실을 기억해야 할 때입니다. 그분 안에는 어둠이 없습니다. 그분 안에 있는 한, 우리는 이 세상의 악을 이겨 낼 수 있습니다. 만일 우리가 빛이 아닌 어둠을 선택한다면, 그것은 진리를 따라 사는 것이 아닙니다. 우리 가족이 진리를 말하고 진리를 따라 사는 사람들로 알려지기를 원합니다.

주님, 우리가 항상 주님의 빛 안에서 사는 길을 선택할 수 있도록 도와주소서. 모든 영적 어둠에서 저희를 지켜 주소서. 주님의 빛으로 우리 마음을 사로잡아 주소서.

하나님의 지혜

**지혜 있는 자는 강하고
지식 있는 자는 힘을 더하나니 잠언 24:5**

지식을 얻기 위해 이곳저곳을 돌아다니는 우리의 모습이 참 재미있습니다. 의사에게 진단을 받으면, 우리는 곧장 인터넷으로 관련 정보를 검색하지요. 우울증을 겪는 친구가 있다면 "우울증 있는 사람을 대하는 법"이라고 쳐보게 됩니다.

우리가 정보 검색을 원할 때 가장 먼저 최고의 조언자이신 하나님의 발아래로 달려간다면 얼마나 좋을까요? 지금 어떤 일을 겪고 있든 우리에게 필요한 지혜는 먼저 하나님에게서 와야 합니다. 하나님은 우리를 일깨우시고 확실한 방향을 보여 주시는 분입니다. 그분을 가장 먼저 찾아가면 우리는 다음에 가야 할 곳을 분명히 알게 됩니다. 하나님의 지혜는 언제나 사람의 지식보다 앞서기 때문입니다.

주님, 우리에게 머리로만 아는 지식이 아닌, 하늘에서 오는 참되고 영원한 지혜를 허락해 주셔서 감사합니다. 하나님 아버지, 우리가 받는 교육이 아닌, 주님이 주시는 지혜로 인해 우리의 능력이 더해진다는 사실을 믿으며 감사드립니다.

모든 일의 중심

**그대는 하나님을 위해 최선을 다하고, 그대가 부끄러워하지 않을 일,
곧 진리를 쉽게 풀어 분명하게 전하는 일에 집중하십시오**
디모데후서 2:15, 메시지 성경

오늘 말씀에 나오는 "최선을 다하라."라는 표현을 아이들은 이렇게 이해할 것입니다. "시험 볼 때 최선을 다해라! 운동할 때 최선을 다해라! 주일학교에서 말씀 암송을 할 때 최선을 다해라!" 어른이 되어서도 우리는 여전히 "최고"라는 말의 홍수 속에 살게 됩니다. "일할 때 전력을 다해라!" 최고의 살림꾼, 최고의 엄마, 최고의 아빠, 최고의 직장인, 최고의 친구 등 가능한 한 최고가 되라고 합니다.

최고와 최선이 절대로 나쁜 말은 아닙니다. 하지만 우리가 가장 최선을 다한 일일지라도, 하나님의 영이 생명을 불어넣어 주시지 않으면 아무것도 아닙니다. 오늘은 그저 애쓰고, 분투하고, 노력하는 대신 마음을 모으고 우리가 하는 모든 일의 중심에 하나님이 계시도록 간구해 보면 어떨까요? 저 높은 곳에서 우리가 하는 일에 놀라운 능력을 내려 주실 것입니다.

하나님 아버지, 최고가 되는 것이 가장 좋은 것이라는 생각을 흔들어 깨워 주셔서 감사합니다. 이제 주님께 제 모든 것을 드리는 것이 어떤 것인지 알 것 같습니다. 우리를 오랫동안 참아 주시고 기다려 주셔서 정말 감사합니다.

성품의 옷

그러므로 너희는 하나님이 택하사 거룩하고 사랑받는 자처럼
긍휼과 자비와 겸손과 온유와 오래 참음을 옷 입고
골로새서 3:12

사람들은 무엇을 입을지에 대해 정말 많은 생각을 합니다. 자신에게 딱 맞는 옷, 신발, 액세서리를 사느라 많은 시간을 보내지요. 다음 날 입을 옷을 전날 미리 그려 보면서 혹시 구색을 맞추는 데 빠지는 부분은 없는지 확인합니다. 오늘의 말씀에 나오는 긍휼과 자비, 겸손, 온유와 오래 참음의 옷을 입는 데는 거의 시간을 들이지 않으면서, 몸에 걸치는 옷에는 그 많은 시간과 노력을 쏟아붓는 우리의 모습이 참 재미있습니다.

만일 우리가 성품의 옷을 입기 위해 미리 계획을 세운다면 어떨까요? 밤마다 잠자리에 누워서 내일 아침 긍휼과 자비, 겸손, 온유와 오래 참음의 옷을 어떻게 입을지 생각한다면 말입니다. 영적 성품의 옷을 어떻게 입을지 계획을 한번 세워 보십시오. 내일은 신발이나 셔츠, 바지를 입기 전에 먼저 사랑을 덧입어 보세요. 세상이 우리를 주목하게 될 것입니다.

주님, 오늘은 영적 성품의 옷을 어떻게 입을지 한번 생각해 보고 싶습니다. 우리 집 옷장에서 가장 중요한 것은 바로 사랑이라는 것을 잊지 않도록 도와주소서.

믿음과 신뢰

**그를 향하여 우리가 가진 바 담대함이 이것이니
그의 뜻대로 무엇을 구하면 들으심이라
우리가 무엇이든지 구하는 바를 들으시는 줄을 안즉
우리가 그에게 구한 그것을 얻은 줄을 또한 아느니라 요한일서 5:14-15**

우리는 믿음과 신뢰를 얻기 위해 열심히 일하고, 서로 믿어 주며 신뢰하는 가정을 꾸리고자 최선을 다합니다. 그런데 이 믿음과 신뢰는 과연 어디에서 오는 것일까요? 아담과 하와의 이야기를 떠올려 봅시다. 하나님께 불순종한 이후, 그들은 부끄러움을 느꼈습니다. 그분을 똑바로 쳐다볼 수 없었지요.

우리도 마찬가지입니다. 우리의 믿음은 자주 흔들립니다. 자기 자신을 결점투성이, 매번 일을 망치는 죄인, 도무지 올바르게 살 수 없을 것 같은 인간으로 바라보기 때문입니다. 그러나 하나님은 우리를 다르게 보십니다! 나이가 몇이든 상관없이, 주님은 우리를 용서받았으며 은혜로 충만한, 새로 태어난 존재들로 바라보십니다.

어서 우리도 믿음으로 주님의 시각을 회복해야 합니다. 이 확신을 가질 때 우리는 어떤 기도 제목이든 주님의 보좌 앞에 가지고 나아갈 수 있으며, 그분이 우리 기도를 들으신다는 것을 신뢰하게 됩니다. 우리가 섬기는 하나님은 얼마나 멋진 분이신지요!

 하나님 아버지, 우리가 주님의 뜻을 따라 기도할 수 있고, 무엇을 구하든 주님이 들으신다는 사실을 다시 기억나게 해주셔서 감사합니다.

영원한 부르심

**하나님의 은사와 부르심에는
후회하심이 없느니라 로마서 11:29**

어떤 일을 하려고 했다가 마음이 바뀐 적은 없습니까? 어떤 직업을 고를지, 학교에서 어떤 과목을 선택할지 생각했다가 그만둔 적이 있을 것입니다. 가던 길에서 방향을 바꾼 것이지요. 믿었던 사람이 어떤 일을 해주기로 약속했다가 지키지 않은 경우도 있을 것입니다. 그들의 마음이 바뀐 것입니다.

이처럼 사람의 마음은 항상 바뀝니다. 그러나 하나님은 절대로 마음을 바꾸는 분이 아니시기에 우리는 마음에 위로를 얻습니다. 그분은 말씀하신 대로 행하실 것입니다! 그분이 우리를 부르셨다면, 그 부르심은 영원합니다. 그분은 이런 이메일을 보내는 분이 아니십니다. "애야, 내가 계속 생각을 해봤는데, 아무래도 너에게 주었던 소명을 없던 일로 해야겠구나." 주님은 절대 그런 분이 아니십니다! 주님이 하신 말씀은 확실히 믿어도 됩니다!

우리에게 삶의 소명을 허락해 주신 하나님 아버지, 잠시 하던 일을 멈추고 주님께 감사를 올려 드린 지가 너무나 오래된 것 같습니다. 우리 가족 모두를 불러 주셔서 감사합니다. 가정이라는 배의 키를 주님께 맡겼기에, 우리 가족은 하나가 되었습니다. 감사하고 또 감사합니다.

좁은 길

**좁은 문으로 들어가기를 힘쓰라 내가 너희에게 이르노니
들어가기를 구하여도 못하는 자가 많으리라
누가복음 13:24**

지도를 사용했던 시절을 한번 떠올려 보십시오. 온 가족이 자동차 여행을 떠날 때면, 꼬깃꼬깃 접힌 커다란 종이 지도가 등장하고는 했지요. 정말 중요한 곳을 찾아가는 여행이라면 적잖은 돈을 들여 지도책을 사야 했습니다. 요즘은 버튼 하나만 누르면 거의 모든 길을 찾아갈 수 있습니다. GPS(지구 위치 측정 체계)는 우리가 원하는 모든 길로 인도해 줍니다. 고속도로로 갈지, 조용한 시골길로 갈지도 정할 수 있습니다. 중요한 것은, 그 선택이 우리에게 달렸다는 것입니다.

우리 인생도 이와 같습니다. 우리 앞에 수많은 선택의 기회가 놓여 있습니다. 선택할 수 있는 길이 너무나 많지요. 우리 내면에서 올바른 방향으로 인도해 주시는 성령님은 마치 영적인 GPS와도 같으십니다. 우리가 그분께 귀를 기울인다면, 진심으로 귀를 기울인다면, 그분은 우리를 좁은 길로 인도해 주실 것입니다. 그리고 그 길은 우리를 곧장 아버지의 품으로 데려갈 것입니다.

하나님 아버지, 넓은 길로 가는 것이 더 쉽지만, 주님은 우리를 좁은 길로 부르셨습니다. 그 길은 주님이 책임져 주시는 길임을 믿습니다. 주님, 저는 오늘 좁은 길에 계속 머물기로 선택합니다. 우리가 걷는 걸음마다 주님이 도와주소서.

자기 목숨을 버린다는 것

> 사람이 친구를 위하여 자기 목숨을 버리면
> 이보다 더 큰 사랑이 없나니
> **요한복음 15:13**

우리는 지금 오직 "나 자신"만을 중요하게 여기는 시대를 살고 있습니다. 모두 최고가 되고 싶어 눈에 불을 켭니다. 문제는 이런 식으로 세상을 바라보는 자세가 성경의 가르침에 정면으로 위배된다는 것입니다. 하나님은 우리가 타인 중심의 삶, 사랑하는 사람을 위해 기꺼이 자신의 목숨까지 내어놓는 삶을 살기 원하십니다.

오늘 잠시 시간을 내어 어떻게 하면 우리의 초점을 나 자신에서 다른 사람에게로 옮길 수 있을지 하나님께 여쭈어 보세요. 특별히 신경 쓰며 찾아가 축복해 주고, 내 능력 이상의 것을 베풀어 줄 누군가는 없는지 구체적으로 여쭈어 보세요. 다른 이들을 먼저 생각하는 삶은 정말 즐겁습니다!

주님, 다른 사람을 위해 제 목숨을 내려놓는 것이 쉽지 않다는 것을 몸소 배우고 있습니다. 우리에게는 이기적인 성향이 있습니다. 오늘, 우리 마음에서 모든 자기중심적인 성향을 없애 주시길 간절히 기도합니다. 언제나 다른 사람들의 필요를 주의 깊게 살피며, 우리가 하는 모든 일 가운데 주님을 드러내 보일 수 있기를 간절히 원합니다.

감사하는 마음

> 그러나 자족하는 마음이 있으면 경건은 큰 이익이 되느니라
> 우리가 세상에 아무것도 가지고 온 것이 없으매
> 또한 아무것도 가지고 가지 못하리니 우리가 먹을 것과
> 입을 것이 있은즉 족한 줄로 알 것이니라 **디모데전서 6:6-8**

잠시 여유를 가지고 내가 이 세상에 어떻게 오게 되었는지 생각해 본 적이 있습니까? 우리는 모두 울음을 터뜨리는 아기의 모습으로 이 땅에 왔습니다. 실오라기 하나 걸치지 않은 몸으로 첫 젖을 달라고 보채면서 말이지요.

두 주먹 안에 아무것도 움켜쥐지 않고 이 세상에 도착했듯, 삶을 마칠 때도 바로 그와 같은 모습으로 떠나게 될 것입니다. 우리가 얻었던 물질적 소유, 집, 자동차, 옷, 보석들은 이 땅에 남겨져 결국은 아무 가치도 없는 것이 되어 버릴 것입니다. 크든 작든 주님이 주신 것들에 감사해야 한다고 그렇게 강조하셨던 이유가 아마도 여기에 있을 것입니다. 주님은 우리 삶에서 그것들이 필요한 곳을 정확히 알고 계십니다.

오늘은 주님이 공급해 주신 모든 것이 얼마나 감사한지 한번 표현해 보기로 합시다. 오늘 먹을 음식이 있습니까? 입을 옷이 있나요? 그렇다면 주님께 찬양 드립시다!

주님, 주님이 이미 주신 것들에 대해 주님께 찬양 드리는 것을 잊을 때가 있음을 고백합니다. 입을 옷과 오늘 먹을 음식, 살 집을 주신 하나님 아버지, 오늘 이 모든 것을 주신 주님께 찬양을 드립니다. 정말 감사합니다.

새 출발

**그런즉 누구든지 그리스도 안에 있으면 새로운 피조물이라
이전 것은 지나갔으니 보라 새것이 되었도다 고린도후서 5:17**

"새 출발"이란 단어를 한번 깊이 묵상해 보십시오. 이 땅에 사는 동안 우리는 얼마나 많은 새 출발을 하며 사는지요. 우리는 다이어트를 시작했다가 다시 유혹에 빠지고, 그러다 다시 시작하기를 반복합니다. 예산에 따라 생활하기로 마음을 먹었다가 잘못된 결정을 내리고, 또다시 시작하는 삶이 이어집니다. 주님과 좀 더 많은 시간을 함께하겠다고 나 자신과 약속해 보지만, 어느새 방해를 받고 또다시 결심하기를 반복합니다. 그러나 다행히도 우리의 모든 새 출발을 하나님이 함께해 주십니다.

주님은 우리의 실패를 보는 분이 아니십니다. 우리가 빠진 유혹에 초점을 맞추지도 않으십니다. 그분의 관심은 오직 우리를 일으키고, 더러움을 씻으며, 성공에 이르도록 다시 한 번 제자리를 찾아 주는 것입니다.

최근 어떤 유혹에 빠진 경험이 있습니까? 걱정하지 않아도 됩니다. 우리는 다시 한 번 해보기로 결심만 하면 됩니다. 끊임없이 다시 시작하는 우리의 성실함을 하나님이 기쁘게 받으실 것입니다.

주님, 우리에게 두 번, 세 번, 네 번, 계속 다시 시작할 수 있는 기회가 있다는 사실이 너무나 기쁩니다. 우리에게 큰 격려가 되시는 하나님 아버지, 다시 시도할 수 있는 끈기를 허락해 주셔서 감사합니다.

사랑으로 서로 용납하기

> 모든 겸손과 온유로 하고 오래 참음으로
> 사랑 가운데서 서로 용납하고 에베소서 4:2

다른 사람을 용납하는 것은 말처럼 쉬운 일이 아닙니다. 함께 살지 않아도 되는 사람을 용납하기란 오히려 쉬울 수 있지만, 집을 나누어 쓰며 한정된 공간에서 생활하는 서로를 용납한다는 것은 정말 힘들 때가 많습니다. 매일 부딪히는 작은 일상이 우리의 신경을 건드립니다.

혹시 더는 참고 견디고 싶지 않다는 생각이 들면, 엄마 곰을 한번 떠올려 보세요(영어로는 "참아 주고 용납하다"와 "곰"이 같은 단어 "bear"로 쓰입니다–역자 주). 말썽꾸러기 아기 곰은 수많은 잘못을 저지릅니다. 항상 문제를 일으키지요. 하지만 엄마 곰은 아기 곰을 부드럽게 비벼 주며 언제나 그 곁을 지킵니다. 아기 곰을 코로 밀며 매 순간 가야 할 길을 인도해 줍니다.

이처럼 누군가를 용납한다는 말은 억지로 참고 견딘다는 뜻보다는 사랑해 주고, 돌보아 주고, 갈 길을 인도해 주며, 상대를 받아 준다는 의미가 더 많습니다. 그러므로 지금 나와 관련된 사람들과 문제를 계속 용납해 주세요. 하나님 아버지도 그분의 자녀들을 그렇게 대해 주고 계십니다.

아버지, 언제나 인내심이 부족한 우리의 모습을 주님께 고백합니다. 때로 사람들이 신경을 건드리고, 그들이 하는 사소한 행동이 우리를 불쾌하게 합니다. 오늘 말씀을 통해 아무리 힘들어도 엄마 곰처럼 언제나 곁에서 사람들을 인도해 주어야 한다는 것을 다시 깨달았습니다. 감사합니다.

부름의 상을 향해

**푯대를 향하여 그리스도 예수 안에서 하나님이 위에서 부르신
부름의 상을 위하여 달려가노라 빌립보서 3:14**

이 땅에서의 삶은 항상 무언가를 향해 달려가는 듯합니다. 우리가 지금 어디에 있든 우리는 다음 단계로 나아가고 싶어 합니다. 우리는 좋은 대학에 합격하고 싶어 하고, 그다음에는 좋은 직장을 얻길 원합니다. 직장에 들어가서는 승진하기 위해 달려가지요. 가정에서는 어떤가요? 자녀를 대학에 보내기 위해 계속 밀고 갑니다. 달리고, 달리고 또 달립니다.

그러나 하나님이 우리를 불러 맡겨 주신 것을 향해 달려가지 않는다면 지치고 말 것입니다. 그래서 우리에게 가장 중요한 것은 그리스도 예수 안에서 하나님이 위에서 나를 부르신 부름의 상을 얻고자 목표를 향해 달려가는 것입니다. 만일 우리 자신이 원하는 것보다 주님이 원하시는 것을 우선시한다면, 또 우리 자신의 길을 찾는 대신 그분의 부르심에 응답한다면, 모든 일이 이해가 되며 제자리를 찾을 것입니다.

하나님 아버지, 우리는 달리고, 달리고, 더 분발하여 달려가고 있습니다. 우리가 계속 나아지고 있다는 기분이 항상 드는 것은 아니지만, 포기하지 않겠습니다. 우리가 나아가는 모든 발걸음마다 우리를 응원하시며 격려해 주시는 주님, 정말 감사합니다.

하나님의 완벽한 디자인

> 하나님이 자기 형상 곧 하나님의 형상대로 사람을 창조하시되
> 남자와 여자를 창조하시고 **창세기 1:27**

모든 사람은 하나님의 형상대로 창조되었습니다. 그렇지만 각 사람은 모두가 독특합니다. 서로가 다 다르지요. 어떻게 이런 일이 가능할까요? 완벽하신 우리 아버지께서는 한 사람, 한 사람을 만드시며 독특한 성격, 독특한 재능, 독특한 성품으로 디자인하셨습니다. 아마 하나님은 우리 모두를 특별하게 만드시느라 많이 애쓰셨을 것입니다. 덕분에 우리는 다양한 부류의 사람들을 잘 섬길 수 있게 되었습니다.

모든 사람이 정장을 입은 남자의 설교에 귀를 기울이지는 않습니다. 자전거를 타는 아이에게서 주님의 메시지를 발견하는 사람도 있고, 쇼핑 카트 앞에서 우는 3살짜리 아이와 식료품 가게에 줄 서 있는 여인을 보며 메시지를 찾은 사람도 있습니다. 중요한 것은, 우리는 각자 어떠한 이유로 다르지만, 모두 너무나도 창의적인 하나님의 모습을 따라 매우 정교하고 아름답게 디자인되어 만들어졌다는 것입니다. 그리고 그분은 결코 실수가 없으신 분입니다!

주님, 너무나 다른 우리 가족 한 사람, 한 사람을 바라볼 때면, 주님의 멋진 솜씨에 놀라게 됩니다. 우리 모두가 주님의 형상대로 창조되었지만, 각 사람은 서로 완벽히 다르다는 사실을 알고 나니 너무나 신기합니다. 아버지 하나님의 창조성을 사랑합니다.

하나님의 증인

**너희는 세상의 빛이라 산 위에 있는 동네가
숨겨지지 못할 것이요 마태복음 5:14**

어린 시절에 불렀던 "반짝반짝 작은 별" 노래를 한번 떠올려 보십시오. 은은하게 빛나는 별들로 가득 채워진 밤하늘을 생각하면 경이로움을 느낍니다. 어린아이들이 별에 완전히 매료되는 이유는 무엇일까요? 아마도 별이 어둠을 이기고 밝게 빛나기 때문일 것입니다. 별은 우리에게 빛과 희망을 안겨 줍니다.

이와 다름없이 우리도 이 어두운 세상에서 빛이 되라고 부르심을 받았습니다. 하나님은 우리가 반짝반짝 빛나며 우리의 빛을 비추길 원하십니다. 삶의 어두운 시기를 지나는 사람들이 우리의 빛을 보며 소망을 갖게 되기를 바라십니다. 만일 모든 별이 반짝이는 것을 멈춘다면 어떻게 될까요? 밤 시간이 너무나 캄캄해질 것입니다. 만일 주님을 사랑하는 모두가 빛을 비추는 일을 그만둔다면, 이 어두운 세상은 너무나 황폐해져서 살 수 없게 될 것입니다.

힘겨울 때도 우리는 계속해서 빛을 비추어야 합니다. 사람들에게는 빛이 필요합니다. 그래야 길을 찾을 수 있습니다. 우리가 그 빛입니다. 우리는 계속해서 빛나야 합니다.

주님, 주님께 우리 마음을 고백합니다. 우리의 빛을 비추고 싶은 마음이 들지 않을 때가 너무나 많습니다. 어디론가 숨어서 머리에 이불을 뒤집어쓰고 싶을 때도 있습니다. 사람들이 우리를 보고 있고, 그들에게는 빛이 필요하다는 것을 다시 한 번 기억나게 해주셔서 감사합니다.

한 몸인 각 지체

몸은 한 지체뿐만 아니요 여럿이니 **고린도전서 12:14**

우리가 섬기는 하나님은 너무나 창조적인 분이십니다! 그분은 사람의 몸을 한 부분 한 부분 다르고 다양하게 디자인하셨습니다. 모두가 다르지만 각 부분들이 합력하여 선을 이루도록 디자인하셨습니다. 예를 들어, 손은 눈과 다른 역할을 합니다. 코는 팔꿈치와 다른 역할을 합니다. 그들 중 하나라도 없어진다면, 우리는 얼마나 힘들어질까요!

그리스도의 몸도 이와 같습니다. 우리 모두는 너무나 다릅니다. 다양한 재능과 나름의 생각을 가지고 있습니다. 그러나 하나님은 우리를 형제자매로 맺어 주시며, 한 몸 되신 그리스도의 각 지체가 되게 하셨습니다. 그 지체 중 하나가 없어지면 우리는 어디에 있어야 할지 몰라 당황스러울 것입니다! 앞으로 가정 안에 서로 다른 모습이 나타난다면, 사람의 몸을 만드신 하나님의 창조적인 디자인을 기억해 보세요. 하나님의 시각으로 모든 것을 바라볼 수 있을 것입니다.

하나님, 주님은 정말 창조적인 분이십니다. 너무나 매력적인 창조자, 우리 아버지이십니다! 우리 형제자매 모두를 각자 다르고 특별하게 만드셨지만, 한 가정의 지체가 되어 함께하게 하셨습니다. 서로가 없이 우리는 아무것도 할 수 없습니다. 이 모든 것을 기억하게 하시니 감사드립니다.

모두 죄인입니다

**모든 사람이 죄를 범하였으매 하나님의 영광에 이르지 못하더니
그리스도 예수 안에 있는 속량으로 말미암아 하나님의 은혜로
값 없이 의롭다 하심을 얻은 자 되었느니라 로마서 3:23-24**

모든 사람이 죄를 범했다는 이 말씀을 읽으면 혼란에 빠지는 사람이 많습니다. 그러나 나이가 많든 적든, 일을 잘하든 못하든, 이 나라에 살든 저 나라에 살든, 모든 사람이 죄를 범했습니다. 하나님의 영광스러운 기준에 이를 수 있는 사람은 아무도 없습니다. 나 혼자만 죄를 지은 것이 아니라니, 기분이 좀 나아졌나요? 그런데 정말 좋은 소식은 이제부터입니다.

예수 그리스도, 하나님의 아들이 모든 사람을 대신해 죗값을 치르셨습니다. 그가 어디에 살든, 나이가 몇이든, 예수님은 모든 사람을 대신해 그렇게 하셨습니다. 우리가 어떤 사람이든, 과거에 무슨 일을 저질렀든, 예수님께 나의 주인과 구원자가 되어 주시기를 요청하면, 그분은 우리 마음에 들어오셔서 죄를 용서해 주시고 새 생명을 주십니다.

주님, 우리는 너무나 많은 잘못을 저지릅니다. 가끔 나만 제대로 살지 못하는 것같이 느껴질 때도 있습니다. 그러나 잘못 살고 있는 사람이 저 혼자만이 아니었다는 걸 알게 되어 마음이 놓였습니다. 우리 한 사람, 한 사람, 모든 사람을 위해 죽으신 하나님의 아들께 감사를 올려 드립니다.

우정

> 다윗이 사울에게 말하기를 마치매 요나단의 마음이
> 다윗의 마음과 하나가 되어 요나단이 그를 자기 생명같이 사랑하니라
> 그 날에 사울은 다윗을 머무르게 하고 그의 아버지의 집으로
> 다시 돌아가기를 허락하지 아니하였고 요나단은 다윗을
> 자기 생명같이 사랑하여 더불어 언약을 맺었으며 **사무엘상 18:1-3**

우리는 친구들을 너무나 사랑합니다. 친구들 역시 우리를 사랑하지요. 실수를 저지를 때도 친구들은 우리를 사랑해 줍니다. 용기를 주며 잘할 수 있다고 말해 줍니다. 우리가 잘못할 때는 사랑 가득한 마음으로 잘못을 고쳐 주기도 합니다. 진실한 친구라면, 다른 사람들이 모두 나를 떠날 때도 항상 내 곁에 있어 줄 것입니다.

요나단과 다윗의 우정도 그와 같았습니다. 두 사람은 영원히 변함없는 친구였습니다. 그들은 남몰래 영원히 깨어지지 않을 우정을 약속했습니다. 영원한 친구는 하나님이 주시는 사랑으로 서로를 사랑합니다. 그들을 절대로 갈라놓을 수 없지요. 우리 모두에게 이런 친구가 필요하지 않을까요?

주님, 우리에게 친구를 주셔서 감사합니다. 친구는 우리에게 힘을 불어넣어 줍니다. 우리 삶에 그들이 있다는 것이 너무나 큰 복입니다. 우리 삶에 허락해 주신 친구들 한 사람, 한 사람을 생각하면 얼마나 감사한지 모릅니다.

하나님의 돌보심

**까마귀 새끼가 하나님을 향하여 부르짖으며
먹을 것이 없어서 허우적거릴 때에
그것을 위하여 먹이를 마련하는 이가 누구냐 욥기 38:41**

우리 가족이 쓸 것을 하나님이 공급해 주시지 않을까 봐 불안했던 적이 있습니까? 지불해야 할 고지서가 쌓여 있거나, 시장 갈 돈이 부족할 때, 차가 고장이 나고, 직장을 잃게 된 상황 등을 만나면, 아마도 우리는 하나님이 우리에게 약속하신 것들을 주시지 않는 이유가 궁금해질 것입니다.

오늘 말씀에 기쁜 소식이 나와 있습니다. 하나님은 공중을 나는 까마귀를 돌보는 분이신데, 우리는 얼마나 더 잘 돌보아 주실까요? 하나님은 자연 세계에 필요한 모든 것을 공급하는 분이십니다. 그분의 자녀인 우리 역시 그분이 돌보실 것입니다. 하나님이 우리에게 필요한 것을 주실 것에 대해 의심하지 마십시오. 그저 단순한 마음으로 그분을 신뢰하고, 그분이 공급하실 것을 기대하며 기다려 보세요.

아버지, 이따금 주님이 우리 가족을 어떻게 돌보실지 지켜보는 우리의 모습을 발견하게 됩니다. 주님, 지금 우리 가족은 메마른 계절을 지나고 있습니다. 때로는 의심이 들기도 합니다. 오늘 말씀을 통해 공중의 새를 돌보시는 하나님을 다시 기억하게 해주셔서 감사합니다. 주님이 우리 가족은 얼마나 더 잘 돌봐 주실까요! 모든 것에 감사드립니다. 아버지 하나님을 더욱 의지할 수 있도록 저희를 인도해 주소서.

만족하는 법

**내가 이 성의 식료품에 풍족히 복을 주고
떡으로 그 빈민을 만족하게 하리로다 시편 132:15**

지금 우리는 원하고, 원하고, 또 원하는 시대를 살고 있습니다. 새 자동차, 새 집, 새 옷, 새 전자 제품, 더 새로운 것, 더 큰 것, 더 나은 것……. 우리는 그 모든 것을 원합니다. 또 텔레비전 광고는 우리가 그 모든 것을 가질 만한 사람이라고 부추깁니다. 우리가 이미 가진 것에 만족할 수 있다면 얼마나 좋을까요?

우리가 그분이 공급해 주신 것에 감사할 때, 하나님의 마음은 흐뭇해집니다. 그분은 더 새롭고, 더 크고, 더 나은 것을 반대하시는 것이 아닙니다. 다만 우리가 주님이 아닌 다른 것에 초점을 맞추지 않길 원하시는 것입니다. 다른 것에 집중하면, 어느새 그것이 우리의 우상이 되기 때문입니다.

일단 우리가 만족하는 법을 배운다면, 하나님이 우리 삶을 가득 채우며 풍성하게 공급하실 것입니다. 정말 멋지지 않습니까! 그렇게 살고 싶지 않나요? 지금 우리가 구할 것은 바로 만족하는 마음입니다.

주님, 주님 안에서 만족하고 싶습니다. 주변 사람들이 더 많은 것을 가지고 있다는 이유로 저희도 더 많은 것을 얻으려 하지 않겠습니다. 주님이 이미 주신 것들에 자족하며 살 수 있는 법을 가르쳐 주소서. 주님의 임재 안에서 만족하며 사는 법을 배우고 싶습니다.

행복한 비전

**묵시가 없으면 백성이 방자히 행하거니와
율법을 지키는 자는 복이 있느니라 잠언 29:18**

헨젤과 그레텔 이야기를 아실 것입니다. 두 아이는 빵 부스러기를 떨어뜨리며 숲속 길을 걷고 있었습니다. 그래야 집으로 돌아가는 길을 찾을 수 있기 때문이지요. 그런데 그만 새들이 따라오며 빵 조각을 먹어 버리고 말았습니다.

우리도 이러한 일을 경험할 때가 있습니다. 삶의 방향을 정하고 인생길을 걸어가는데, 얼마 지나지 않아 어디로 가야 할지 길이 보이지 않는 것입니다. 어쩌면 이때가 우리의 비전을 다시 한 번 점검해야 할 시기일지 모릅니다.

만일 하나님이 어떤 특별한 방향을 향해 가도록 내 마음을 움직이신다면, 그분께 돌아가 다시 비전에 불을 붙여 달라고 구하십시오. 그분은 다시 시작하도록 우리를 자극하시고, 우리가 가야 할 분명한 길로 인도해 주십니다. 그저 주님께 초점을 맞추고 잠잠히 기다린다면, 그분이 우리가 가야 할 곳으로 인도하실 것입니다.

주님, 오늘 우리는 주님께 다시 초점을 맞추기로 결심합니다. 주님의 말씀, 주님이 개인적으로 주시는 메시지, 그리고 주님의 사랑에 집중하겠습니다. 우리를 향하신 주님의 계획을 따라 앞으로 나아가길 원합니다. 계속해서 하나님 아버지만 바라볼 수 있도록 도와주소서. 분명한 방향을 알면 우리가 가는 길이 훨씬 수월할 수 있음을 믿습니다. 우리 삶을 인도해 주시는 주님, 정말 감사드립니다.

듣고 응답하시는 하나님

**천사가 그에게 이르되 사가랴여 무서워하지 말라 너의 간구함이 들린지라
네 아내 엘리사벳이 네게 아들을 낳아 주리니 그 이름을 요한이라 하라
누가복음 1:13**

하나님이 모든 질문에 대한 답을 가지신 것을 아십니까? 그렇습니다. 그분은 우리가 미처 구하지 못한 것에 대한 답까지 가지고 계십니다. 우리는 하나님이 우리에게 집중하지 않으시거나, 우리가 무슨 일을 겪든 별로 관심이 없으실 거라고 생각할 때가 많습니다. 그건 사실과 전혀 다른 이야기입니다.

그분은 우리에게 관심을 가지시고 이미 우리의 필요를 채우기 위해 일하고 계십니다. 앞으로 '왜 기도가 안 될까? 하나님이 우리 기도를 듣고 계시긴 할까?'라는 생각이 들려 하면, 오늘의 말씀을 기억하세요. 하나님은 사가랴의 기도를 이미 알고 계셨고, 그가 기도하기 훨씬 전부터 이미 답을 알고 계셨습니다. 하나님은 우리에게도 기발하고 창조적인 응답을 주시기 위해 간절히 기다리고 계십니다. 무엇을 주저하십니까? 오늘 바로 하나님께 여쭤봅시다. 그리고 우리 하나님이 얼마나 창의적인 대답을 해주시는지 지켜보도록 합시다.

우리가 기도할 때 듣고 계신 아버지 하나님, 정말 감사합니다. 우리가 구하기도 전에 우리 기도에 대한 답을 이미 가지고 계신 것도 너무나 감사합니다. 주님을 신뢰합니다. 주님이 이 모든 것에 대한 답을 가지고 계십니다. 얼마나 안심이 되는지 모릅니다.

인내의 참뜻

**그의 영광의 힘을 따라 모든 능력으로 능하게 하시며
기쁨으로 모든 견딤과 오래 참음에 이르게 하시고
골로새서 1:11**

"인내"라는 단어와 "오래 참음"이라는 단어는 함께 쓰일 때가 많습니다. 우리가 인내를 좋아하지 않는 이유는 아마도 오랫동안 고통을 견디는 것과 관련이 있다고 생각하기 때문일 것입니다.

사실 하나님이 가르쳐 주시는 인내는 고통을 참으라고 주시는 것이 아닙니다. 오히려 하나님이 가르쳐 주시는 인내는 고통과 함께 찾아오는 하나님의 복을 기다리는 데 필요한 것입니다. 우리가 크리스마스 아침을 기다리듯, 무언가 너무 좋은 것을 기다릴 때는 기다리는 시간이 길수록 그것이 도착했을 때 더욱 흥분되는 법입니다. 인내라는 말을 너무 나쁘게 생각하지 말고, 반대로 한번 생각해 보세요. 하나님이 우리를 위해 무언가 굉장한 것을 준비하고 계십니다! 얼마나 놀라운 복이 도착할는지요!

주님, 오늘 말씀을 통해 인내에는 반드시 보답이 있다는 것을 가르쳐 주셔서 감사합니다. 주님은 우리에게 주실 복을 미루고 계시는 것이 아니라, 다만 그것이 우리 삶에 도착했을 때 더욱 감사할 수 있는 기회를 주고 계시다는 것을 알게 되었습니다. 하나님 아버지께서 준비하고 계신 복이 무엇일지 너무나 궁금합니다. 얼마나 멋진 복일지 흥분을 감출 수가 없습니다. 주님의 이름을 높이며 미리 찬양을 올려 드립니다.

착한 행실

이같이 너희 빛이 사람 앞에 비치게 하여
그들로 너희 착한 행실을 보고
하늘에 계신 너희 아버지께 영광을 돌리게 하라
마태복음 5:16

그리스도인은 선한 행동을 할 것이라 기대됩니다. 왜 그럴까요? 우리가 하는 선행으로 주님께 점수를 받는 것은 아니지만, 우리는 하나님의 형상을 따라 창조되었고, 하나님은 최고의 선행을 하시는 분이기 때문입니다. 우리는 주님의 본을 따라 살기를 원합니다. 이것은 모름지기 우리의 행실과 행동이 선해야 한다는 뜻입니다. 이렇게 살아가면, 우리는 그분의 빛을 발하며 다른 사람들을 주님께로 이끌게 됩니다.

오늘 선한 행동을 하기로 도전해 보십시오. 하나님께나 다른 사람에게 무언가를 증명하기 위해서가 아니라, 그저 하나님의 마음을 정말 행복하게 해드리려는 마음으로 말입니다. 결국에는 우리 마음도 행복해질 것입니다.

주님, 지금까지 선행을 어려워했음을 기꺼이 인정합니다. 너무나 감사하게도 우리는 착한 일을 해서 구원을 받은 것이 아닙니다. 하지만 착한 일을 행하기 위해 구원받았다는 것을 잘 알고 있습니다. 하나님 아버지, 오늘 그 사실을 다시 기억할 수 있게 해주셔서 감사드립니다. 상을 받기 위해서가 아니라, 단순히 주님을 기쁘게 해드리고 싶은 마음으로 우리의 빛을 발할 수 있도록 도와주소서.

내가 고통 중에 있사오니

**여호와여 내가 고통 중에 있사오니
내게 은혜를 베푸소서
내가 근심 때문에 눈과 영혼과 몸이 쇠하였나이다
시편 31:9**

깊은 슬픔이나 비통을 나쁜 것으로 바라보는 사람들이 많습니다. 그러나 절대 그렇지 않습니다. 우리가 가진 감정들은 하나님이 주신 것입니다. 하나님은 우리가 그 감정들을 통해 마음속에 있는 것을 거리낌 없이 내보내게 하셨습니다. 슬플 때 우리는 마음속에서 느끼는 것을 밖으로 숨김없이 표현하게 됩니다.

너무 오랫동안 슬픈 감정에 빠져 있으면 건강에 좋지 않을 것입니다. 그러나 슬픔에서 너무 빨리 빠져나오는 것도 그에 못지않게 해롭습니다. 지금 힘겨운 시기를 지나고 있다면, 두려워하지 말고 자신의 감정을 밖으로 표현해 보세요. 몸과 마음이 감사하게 여길 것입니다.

아버지, 슬퍼해도 괜찮다는 것을 다시 깨닫게 해주셔서 감사합니다. 우리에게 이런 감정들을 허락해 주신 것도 정말 감사합니다. 주님이 계획하신 시간 동안 충분히 슬퍼할 수 있도록 도와주소서. 슬픔의 계절이 그리 오래가지 않으리라 믿습니다.

너그러운 마음

> 범사에 여러분에게 모본을 보여준 바와 같이 수고하여
> 약한 사람들을 돕고 또 주 예수께서 친히 말씀하신 바 주는 것이
> 받는 것보다 복이 있다 하심을 기억하여야 할지니라
> **사도행전 20:35**

우리는 지금까지 하나님은 기꺼이 주는 사람을 사랑하신다는 말을 들으며 살아왔습니다. 또 "주는 것이 받는 것보다 더 좋다."라는 말도 들어 보았지요. 맞는 말입니다. 그런데 왜 하나님은 베푸는 마음에 그리 관심이 많으실까요? 바로 하나님은 베푸는 분이시고, 우리는 그분의 모습을 따라 너그럽게 살도록 창조되었기 때문입니다!

하나님이 얼마나 너그러운 분이신지 잠시 생각해 보십시오. 하나님은 우리에게 영적 은사, 그리스도 안에서의 새로운 생명, 그리고 수많은 약속의 말씀을 아낌없이 베풀어 주셨습니다. 우리가 삶을 누리며 즐거워하는 데 필요한 것들을 모두 주셨습니다. 너그러운 삶의 가장 멋진 본이 되어 주셨습니다. 그분을 바라보며, 너그러운 마음이 참으로 하나님이 주신 선물이란 것을 우리 모두 배울 수 있기를 바랍니다.

하나님 아버지, 우리를 너그러이 대해 주셔서 감사합니다. 하나님이 우리에게 주신 모든 것에 정말 감사드립니다. 주님, 그 너그러운 마음을 가르쳐 주소서. 우리가 받기만 하는 사람들이 아니라, 베풀고 주는 이들로 알려지길 원합니다. 주님의 모습을 나타내며 사는 우리가 될 수 있도록 도와주소서.

하나님의 행복 처방전

**너희 중에 고난 당하는 자가 있느냐 그는 기도할 것이요
즐거워하는 자가 있느냐 그는 찬송할지니라
야고보서 5:13**

목이 붓거나 귀가 아파서 병원에 가면, 의사가 아픈 증상이 멎도록 처방전을 적어 줍니다. 그러면 그것을 손에 들고 약국으로 가지요. 의사가 써주는 처방전은 그 순간 우리에게 필요한 것을 주고자 특별히 작성된 것입니다. 하나님은 가장 훌륭한 의사이십니다. 하나님은 우리의 건강에도 물론 관심이 많으시지만, 우리의 생각과 마음 그리고 사람들과의 관계에도 마음을 쓰십니다.

어떤 아픔이 우리를 괴롭힌다 해도 하나님께는 그것들을 해결할 처방전이 있습니다. 하나님의 처방은 무엇입니까? 바로 기도와 찬양입니다. 이 두 가지 처방은 우리를 힘겹게 하는 모든 것을 말끔히 치료해 줍니다. 게다가 완전히 무료입니다. 처방전을 받으려고 의사에게 갈 필요도 없습니다. 약효는 또 얼마나 빠른지요! 찬양 몇 소절만 불러도 회복되어 금세 일어설 것입니다.

우리에게 필요한 것을 우리가 알기도 전에 먼저 알고 계신 하나님 아버지, 정말 감사합니다. 우리가 행복해질 수 있도록 기도와 찬양을 처방전으로 주셔서 감사합니다. 너무너무 감사합니다.

징계

**대저 여호와께서 그 사랑하시는 자를 징계하시기를
마치 아비가 그 기뻐하는 아들을 징계함같이 하시느니라
잠언 3:12**

"징계"라는 단어를 보면 한숨이 나옵니다. 어릴 때는 특히 징계를 자주 받습니다. 이 훈련은 왜 필요할까요? 징계는 지나치게 넓은 선택의 폭을 좁혀 올바른 방향으로 우리를 인도하기 때문입니다. 제대로 훈련을 받지 못해 너무 많은 선택과 기회를 갖게 되면 대부분 좋은 결과로 이어지기 어렵습니다. 나이가 들면서 징계의 방식은 변하지만, 여전히 우리는 이러한 훈련을 경험합니다. 교수님들을 통해, 또는 직장 생활을 하면서도 훈련이 이어집니다.

우리는 주님께도 훈계를 받습니다. 그분은 우리를 다정하게 사랑해 주시고 바로잡아 주십니다. 그러므로 징계를 두려워하기보다 기대하는 마음을 가져야 합니다. 주님은 사랑하는 자녀만을 징계하시기 때문입니다.

힘들고 당황스러운 시간 가운데 또 다른 방법으로 나를 다듬으실 주님이 느껴진다면, 이것만은 꼭 기억하기 바랍니다. 하나님은 우리를 너무나 사랑하십니다. 그러기에 그분이 인도하시는 길은 언제나 더 나은 길입니다. 이 사실을 알면 모든 것이 달라집니다.

주님, 주님이 주시는 징계를 감사하는 마음으로 받겠습니다. 그 훈련이 우리의 유익을 위한 것임을 아니까요. 하나님의 모습을 따라 우리를 만들어 주셨으니, 하나님을 닮아 가도록 계속 자라고 변화해 가겠습니다. 오래 참고 기다려 주셔서 감사합니다.

하나님의 계획

**여호와의 말씀이니라 너희를 향한 나의 생각을 내가 아나니
평안이요 재앙이 아니니라 너희에게 미래와 희망을 주는 것이니라**
예레미야 29:11

우리는 계획 세우기를 정말 좋아합니다. 그래서 주님의 생각을 물어보기도 전에, 빈틈없이 계획하고 준비해서 일을 시작합니다. 우리가 하던 일을 잠깐 멈추고 기도하며 하나님의 계획은 무엇인지 여쭈어 본다면 얼마나 더 좋을까요?

하나님이 우리를 향해 품으신 계획은 정말 놀랍습니다. 우리 스스로 꿈꿀 수 있는 것보다 훨씬 더 멋진 일들이지요. 오늘은 새로운 걸음을 시작하기 전에 잠시 시간을 내어 주님께 여쭈어 보십시오. "하나님 아버지, 주님의 계획은 무엇입니까?" 그분은 분명 준비해 두신 모든 계획 속으로 우리를 인도하실 것입니다. 그 결과는 우리가 상상하지 못할 만큼 엄청날 것입니다.

하나님, 우리가 세운 계획들이 비록 좋아 보일지라도 항상 최선일 수는 없다는 것을 다시 생각나게 해주셔서 감사합니다. 주님이 우리를 향해 가지고 계신 생각들은 우리 눈으로 볼 수 없고, 지금까지 한 번도 걸어가 본 적이 없는 길입니다. 하지만 그 길이 우리를 평안으로 인도하는 길임을 믿습니다.

주 안에서의 승리

이것을 너희에게 이르는 것은 너희로 내 안에서
평안을 누리게 하려 함이라 세상에서는 너희가 환난을 당하나
담대하라 내가 세상을 이기었노라 **요한복음 16:33**

어릴 때 힘든 하루를 보낸 기억이 있습니까? 한번 떠올려 보십시오. 그때 부모님은 "힘내."라고 말씀하셨을 것입니다. 기분이 우울할 때 힘을 내기란 참 어려운 일입니다. 사람들은 얼굴에 활짝 웃음을 띠며 일이 잘 안 풀릴 때도 모든 것이 괜찮은 것처럼 지내라며 격려를 해줄 수도 있겠지요. 하지만 그 말을 진정으로 받아들이지 않는다면 아무 소용이 없을 것입니다.

하나님은 말씀을 통해 이 중요한 내용을 다시 한 번 생각나게 하십니다. 이 세상에 고통이 있겠지만 주님이 이미 세상을 이기셨습니다. 하나님은 정말 세상을 이기셨습니다. 이 말씀을 붙들면, 힘겨운 싸움 중에도 눈을 들고 하늘을 보며 힘을 낼 수 있습니다. 우리는 이미 하나님 안에서 승리했음을 알기 때문이지요. 자, 이제 하나님을 찬양해야 할 이유를 아시겠지요?

우리 가족을 세심하게 돌보시며, 주님이 이미 세상을 이기셨다는 말씀을 다시 기억나게 하시니 감사합니다. 이 말씀을 다시 떠올리니 정말 힘이 납니다.

열매 맺는 가족

나무도 좋고 열매도 좋다 하든지
나무도 좋지 않고 열매도 좋지 않다 하라
그 열매로 나무를 아느니라 마태복음 12:33

　가족은 각자 독특한 개성을 지닌 사람들로 구성됩니다. 그리고 한 사람, 한 사람은 마치 다양한 맛과 향기를 내는 과일과도 같지요. 과일을 모두 가져와서 한 접시에 담으면, 다채로운 맛을 내는 과일 샐러드가 됩니다. 어떤 것은 달콤하고 어떤 것은 새콤한데, 모두 섞어 한 번에 먹으면 맛이 어우러져 정말 좋습니다. 단맛과 신맛이 조화를 이루면서 맛있는 일품요리가 됩니다.

　우리는 모두 하나님의 형상대로 창조되었습니다. 하나님은 우리의 유별난 기질, 독특한 성격을 세심하게 생각하며 만드셨습니다. 그것들이 어우러져서 즐겁고 유익한 공동체가 되게 하셨지요. 하나님은 우리 가족이 다른 사람에게 "좋은 열매"로 알려지기 바라십니다.

　오늘은 우리 가족이 어떤 열매의 모습인지 한번 살펴보세요. 나쁜 열매는 골라서 버리되, 사람을 골라내는 것이 아니라 그가 가진 나쁜 기질을 밖으로 던져 버리세요. 그리고 맛있는 열매가 되도록 정성을 들여 보십시오. 사람들은 그 맛에 이끌려 우리 가족을 찾게 되고, 결국에는 예수님께 다가갈 것입니다.

　하나님 아버지, 사랑과 기쁨, 평안, 인내와 같은 좋은 열매들을 통해 세상에 알려지는 우리 가족이 되게 해주소서. 이런 열매들을 더 많이 맺을 수 있도록 도와주소서.

쉼

**내가 누워 자고 깨었으니
여호와께서 나를 붙드심이로다** **시편 3:5**

   우리는 "잠"이란 말을 정말 좋아합니다. 긴 일과를 마친 후 침대로 뛰어들어 이불을 덮어쓰고 스르륵 잠드는 것만큼 만족스러운 일은 없지요. 달콤한 수면 시간은 생활의 스트레스에서 우리의 마음과 정신을 쉬게 합니다.

   하나님은 우리 가족이 잘 쉬기를 진정으로 원하십니다. 그래야 깨어 있는 시간 동안 할 일을 더 잘할 수 있습니다. 지쳐 있을 때는 최상의 능력을 발휘하기 어렵습니다. 바쁜 일과 속에서 쉬운 일은 아니지만, 눈을 붙이는 시간에는 집중적으로 푹 자야 합니다. 결코 시간 낭비가 아닙니다. 오히려 하나님은 우리 몸을 잠이 필요하도록 만드셨습니다.

   이런 생각을 해본 적이 있습니까? 하나님은 우리를 하루 24시간, 일주일 내내 깨어 있도록 만들 수도 있으셨습니다. 하지만 하나님은 사람의 몸을 쉼이 필요하도록 만드셨지요. 모두 알다시피 하나님도 쉬셨습니다. 쉼을 위해 일곱 번째 날을 안식일로 정하시고, 그날 우리가 활력을 되찾고, 다음 날을 위해 열심히 힘을 모으게 하셨습니다.

   하나님 아버지, 낮 시간 동안 주님을 위해 더욱 효율적으로 일하려면 저희에게 쉼이 필요합니다. 달콤하고 평안한 잠을 허락해 주셔서 다음 날 활기차게 일어날 수 있도록 도와주소서.

함께 일하기

> 주 우리 하나님의 은총을 우리에게 내리게 하사
> 우리의 손이 행한 일을 우리에게 견고하게 하소서
> 우리의 손이 행한 일을 견고하게 하소서 **시편 90:17**

팀워크. 우리 삶에서 얼마나 필요한 말인지 모릅니다. 각 팀원은 모두 다른 역할을 맡지만, 팀이 생존하려면 각각의 역할이 모두 중요합니다. 특별히 가정 안에서는 더욱 그렇지요. 우리는 모두 화목한 가정에서 행복하게 살기를 원합니다. 그러나 우리 가족이 한 팀이라는 사실을 잊어버린다면 어려움에 빠질 것입니다. 가정에서 큰일을 치러야 할 때는 더욱 그렇습니다. 우리가 모두 함께 일하면, 그 어떤 큰일도 해낼 수 있습니다.

무엇보다 우리가 함께 일할 때 하나님의 은혜가 임합니다. 하나님은 우리 손으로 한 일들을 확실하게 인정해 주십니다. 주님과 함께하는 우리 팀은 그 누구도 당할 수 없습니다! 어떤 적이라도 물리칠 수 있고, 모든 장애물을 이길 수 있습니다.

우리를 한 팀으로 묶어 주신 하나님, 정말 감사드립니다. 우리는 우리 가족과 믿음의 가족이라는 더 큰 공동체 속에서 각자의 역할을 맡았습니다. 모든 일을 혼자 힘으로 할 필요가 없다는 것이 얼마나 다행인지 모릅니다! "백지장도 맞들면 낫다."라는 말이 오늘은 더욱더 감사합니다.

새로운 마음

**너희는 이 세대를 본받지 말고 오직 마음을 새롭게 함으로
변화를 받아 하나님의 선하시고 기뻐하시고 온전하신 뜻이
무엇인지 분별하도록 하라   로마서 12:2**

"새롭게 함"이라는 말에는 "다시"라는 의미가 들어 있습니다. 성경은 우리가 새로운 마음을 가질 수 있다고 말씀합니다. 우리 마음이 다시 새롭게 될 수 있다는 뜻입니다. 우리 마음대로 살아온 삶이 아무리 힘겨웠다 해도, 오늘부터 긍정적이고 순수한 생각을 가질 수 있습니다. 새로운 마음을 갖는다는 것은 어른들만의 이야기가 아닙니다. 불안한 마음, 분노, 낮은 자존감과 씨름하는 아이들도 새로운 생각을 가질 수 있습니다.

주님은 우리의 낡은 생각을 가져가 새롭고 경건한 생각으로 바꾸어 주시기를 정말 원하십니다. 그분은 우리 마음을 회복시키시고, 새롭게 하시고, 새로운 힘을 불어넣어 주십니다. 주님이 그렇게 일하실 수 있도록 기회를 드리는 것이 어떨까요? 오늘 모든 생각을 그분께 드려 보십시오.

하나님 아버지, 우리 가족 모두가 하나님 앞에 무릎 꿇고 기도합니다. 우리를 주님 닮은 모습으로 빚어 주소서. 우리 자신을 주님께 드립니다. 복음의 일꾼으로 사용해 주소서.

바로 우리 곁에

**내가 여호와를 항상 내 앞에 모심이여
그가 나의 오른쪽에 계시므로
내가 흔들리지 아니하리로다 시편 16:8**

오랜전에 나온 노래 중에 「나와 나의 그림자」(Me and My Shadow)라는 곡이 있습니다. 그림자는 절대로 우리를 떠나지 않는다는 사실이 참 재미있지요. 아무리 흔들어도 그림자는 떨어지지 않습니다. 자신의 그림자를 항상 볼 수 있는 것은 아니지만, 적당한 양의 햇빛이 비치면 금세 다시 모습을 드러냅니다.

하나님도 많은 면에서 그림자와 비슷하십니다. 우리 눈으로 직접 볼 수는 없지만, 그분은 언제나 바로 우리 곁에 계십니다. 두렵고 떨리는 시간을 보내고 있을 때도 하나님이 우리와 함께 계시니 두려워할 필요가 없습니다. 우리 가족이 힘든 시기를 보낼 때도 하나님은 바로 우리 곁에서 우리를 인도하고 계십니다. 가끔은 정말 생생하게 하나님의 존재가 느껴질 때도 있습니다. 우리 주님과 이렇게 가까이 걷고 있다니, 얼마나 놀라운 선물인지 모릅니다!

바로 우리 곁에 계신 주님, 정말 감사드립니다. 좋을 때나 나쁠 때나 우리 가족이 겪는 모든 시기마다 주님이 모든 것을 아시며, 우리를 돌보고 계심을 확실히 믿습니다. 기도하는 그곳에 바로 주님이 계시고, 그곳에서 주님의 사랑을 분명히 깨닫습니다. 언제나 우리와 꼭 붙어 계신 아버지, 감사합니다.

겸손

아무 일에든지 다툼이나 허영으로 하지 말고
오직 겸손한 마음으로 각각 자기보다 남을 낫게 여기고
빌립보서 2:3

교만한 마음은 참 알 수 없습니다. 예상치도 못할 때 불쑥 고개를 쳐들고, 생각지도 않은 모습으로 나타납니다. 오만한 태도로 나타날 때도 있지만, 가끔은 불안한 모습으로 가장하기도 합니다. 자기 자신에게 집중하는 마음은 결국 모두 교만입니다.

하나님은 우리 자신을 옆으로 제쳐 두고, 교만한 자존심을 내려놓으며, 오직 하나님께만 초점을 맞추는 삶으로 우리를 부르십니다. 자신보다 다른 사람을 먼저 생각한다고 말하는 것과 실제로 그렇게 행동하는 것은 완전히 다른 이야기입니다. 이기적인 야망으로는 그렇게 할 수 없습니다. 잠시만 생각해 보아도 결국 우리가 하는 일의 진짜 동기는 대부분 자신의 야망입니다.

그러나 하나님은 우리가 다른 사람을 먼저 사랑하고 더 가치 있게 여기기를 항상 원하십니다. 자신에게 이로운 것만 생각하기보다는 더 많은 사람의 유익에 초점을 맞추기 바라십니다. 겸손한 마음으로 살기는 어렵지만, 분명 하나님이 계획하신 길입니다.

주님, 예수님을 알수록 겸손에 대해 더 많이 배우게 됩니다. 하나님의 아들이신 예수님이 자신을 낮추고, 우리를 위해 십자가에서 희생제물이 되셨습니다. 수치와 굴욕과 고통을 모두 우리를 위해 겪으셨습니다. 그토록 놀라운 본을 보면서 우리가 어떻게 이기적인 마음과 자만심에 빠져서 행동할 수 있겠습니까. 우리가 삶의 본이 되신 주님을 날마다 따르게 도와주소서.

하나님이 주시는 단잠

네가 누울 때에 두려워하지 아니하겠고
네가 누운즉 네 잠이 달리로다
잠언 3:24

걱정이 많을 때는 잠들기가 참 어렵습니다. 밀려드는 청구서들, 마감 기한이 다가오는 일들, 갖가지 의무와 인간관계 문제들, 꼭 필요한 생각인지 공허한 염려인지 알 수 없는 두려움과 근심이 우리의 숙면을 방해합니다. 그런데 놀랍게도 하나님은 우리가 단잠을 자기 원하십니다.

우리가 삶의 세세한 부분까지 하나님께 맡긴다면 단잠을 잘 수 있습니다. 베개를 베고 누워 쉴 때나 눈을 감고 있을 때, 내 모든 염려를 예수님께 넘겨드리는 모습을 한번 상상해 보세요. 우리의 염려를 받아 들고 그것을 마음속에 품으시는 예수님을 그려 보세요. 그분은 분명 그렇게 해주시는 분입니다. 그분은 우리가 모든 걱정과 근심을 날려 버리고, 더없이 행복한 쉼을 누리기를 간절히 바라십니다.

주님께 고백하고 싶습니다. 저는 가끔 잠들기가 힘이 듭니다. 제 마음을 무너지게 하는 너무나 많은 일 때문에 잠자는 것이 쉽지 않습니다. 하나님 아버지, 제가 모든 것을 주님 손에 넘겨드리도록 인도해 주소서. 그리고 제가 편안하게 잠들고 푹 쉴 수 있도록 도와주소서.

행동과 반응

**자녀들아 우리가 말과 혀로만 사랑하지 말고
행함과 진실함으로 하자 요한일서 3:18**

행동하는 것과 반응하는 것은 다르다는 사실을 생각해 본 적이 있습니까? 우리가 어떤 일을 위해 "행동"할 때는 계획적이고 꼼꼼한 결정을 내리게 됩니다. 모든 일을 충분히 기도한 후 주의 깊게 생각하고 행동합니다. 반면 "반응"할 때는 보통 별 생각 없이 즉석에서 움직입니다. 종종 후회가 뒤따라오지요.

반응하는 태도에서 최대한 벗어나려면 행동하기 전에 생각하는 것이 중요합니다. 쉬운 일은 아니지만, 성령님이 가르쳐 주시는 대로 따라가면 가능합니다. 사려 깊고 친절한 행동은 사람들에게 예수님의 사랑을 보여 주는 데 큰 도움이 됩니다. 반면 즉흥적이고 반사적인 반응은 관계를 무너뜨리는 데 한몫을 하지요. 행동하는 사람과 반응하는 사람 중에서 어떤 사람이 되고 싶습니까? 우리가 매일 선택해야 할 문제입니다.

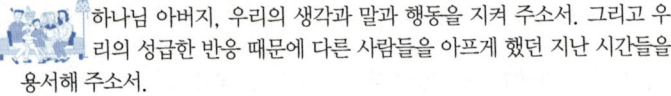

하나님 아버지, 우리의 생각과 말과 행동을 지켜 주소서. 그리고 우리의 성급한 반응 때문에 다른 사람들을 아프게 했던 지난 시간들을 용서해 주소서.

되갚아 주기

악을 악으로, 욕을 욕으로 갚지 말고 도리어 복을 빌라
이를 위하여 너희가 부르심을 받았으니
이는 복을 이어받게 하려 하심이라 **베드로전서 3:9**

우리에게 상처를 주는 사람에게 복수하고 싶은 유혹을 받을 때가 얼마나 많은지요. "눈에는 눈, 이에는 이"로 갚아 주려고 자동적으로 반응하기가 쉽습니다. 그러나 그것은 주님이 우리에게 원하시는 것과는 정반대의 태도입니다.

우리는 성경 말씀을 통해 보복하지 말라고 배웠습니다. 우리에게 상처 주는 사람들에게 즉각 맞대응하고 싶은 마음을 잘 참고 견디면, 우리에게 복이 된다는 약속을 받았지요. 그런데 문제는 상처받는 순간에는 그런 생각을 떠올리기가 너무 어렵다는 것입니다. 그 순간에 느끼는 대로 바로 반응하기보다 긴 안목을 가지고 삶의 목적을 생각하며 우리의 행동을 결정해야 합니다. 당장 그 순간의 기분에 따라 반응한다면, 수많은 어리석은 선택을 하게 될 것입니다.

하나님 아버지, 저희는 악을 악으로, 욕을 욕으로 갚지 않고 사는 법을 계속해서 배우고 있습니다! 이것이 항상 쉬운 일은 아니지만, 분명 충분히 가치 있는 일이라 믿습니다. 주님, 우리 가족이 상황에 즉각 반응하는 사람들이 아닌, 은혜가 넘치는 사람들로 소문난 가족이 되고 싶습니다. 아버지, 저희에게 참고 인내하는 법을 가르쳐 주셔서 감사합니다. 시간이 좀 걸리겠지만, 끝까지 포기하지 않겠습니다.

승리

> 항상 우리를 그리스도 안에서 이기게 하시고
> 우리로 말미암아 각처에서 그리스도를 아는 냄새를
> 나타내시는 하나님께 감사하노라 **고린도후서 2:14**

우리 가족이 싸움터로 행진하며 나아가는 장면을 머릿속에 한 번 그려 보십시오. 저 멀리 언덕 너머에 적들이 보입니다. 크고 건장한 적들이 완전 무장을 하고는 우리를 향해 화살을 똑바로 겨누고 자신만만하게 비웃습니다. 하지만 우리는 움츠러들지 않습니다. 이 전쟁을 위해 안팎으로 만반의 준비를 했기 때문입니다. 우리가 두려움 없이 적군에게 맞설 수 있는 이유는 무엇일까요? 계속 앞으로 전진하게 하는 힘은 무엇입니까?

여기에 아주 중요한 비밀이 하나 있습니다. 우리는 혼자가 아니라는 사실입니다. 우리 주님이 직접 앞장서 나가시며 우리를 위해 싸우고 계십니다. 우리가 해야 할 일은 전쟁터로 나와서 하나님을 신뢰하며, 한 걸음씩 계속 앞으로 나아가는 것입니다. 이렇게 할 때 그분은 우리와 언제나 함께하시며 승리에 대한 확신을 주십니다. 우리 삶에서 싸움은 분명 일어날 것입니다. 하지만 우리는 이미 주님 안에서 승리를 거두었습니다.

우리보다 앞장서 가시는 주님, 정말 감사드립니다. 주님 덕분에 우리 가족은 안전합니다. 주님이 우리 가족을 이끌어 주신다는 생각을 하면 마음이 평안합니다. 우리가 혼자가 아니라는 사실이 참으로 든든합니다.

채워 주시는 하나님

**나의 하나님이 그리스도 예수 안에서
영광 가운데 그 풍성한 대로
너희 모든 쓸 것을 채우시리라** **빌립보서 4:19**

　가족 모두에게 필요한 것과 구성원 각자가 원하는 것에는 큰 차이가 있습니다. 우리 각자는 더 좋은 옷, 더 멋진 차를 원하겠지만, 모두에게 정말 필요한 것은 가족들과 더 많은 시간을 보내고, 하나님의 말씀 안에 더 많이 머무는 것입니다.

　오늘 우리에게 필요한 것이 무엇이든 하나님은 모두 공급해 주십니다. 우리의 필요를 하나님이 아시는지 궁금해하지 않아도 됩니다. 그분은 이미 아시고 그 빈자리를 채우기 위해 일하고 계십니다. 반드시 우리가 원하는 방식대로 채우시지 않을 수 있지만, 주님의 방법은 우리가 생각하는 것보다 훨씬 훌륭합니다. 우리가 원했던 것과는 완전히 다른 것을 주실 때도 많지만, 사실은 훨씬 더 좋은 것을 주셨음을 곧 알게 됩니다. 하나님이 다 채워 주실 것입니다. 오늘도 어떤 일로 씨름 중이라면, 하나님이 그 일을 이미 준비하셨다는 사실을 잊지 마세요.

　하나님 아버지께서 우리 가족에게 부족한 것을 다 알고 계심을 알고 나니 너무나 마음이 놓입니다. 주님의 때에, 주님의 방법으로 우리의 빈 곳을 채워 주시는 주님, 너무나 감사합니다. 아버지, 주님을 신뢰합니다. 우리를 위해 주님이 세워 두신 계획들을 어서 빨리 알고 싶습니다.

푯대를 향하여

> **형제들아 나는 아직 내가 잡은 줄로 여기지 아니하고
> 오직 한 일 즉 뒤에 있는 것은 잊어버리고 앞에 있는 것을
> 잡으려고 푯대를 향하여 그리스도 예수 안에서 하나님이
> 위에서 부르신 부름의 상을 위하여 달려가노라** 빌립보서 3:13-14

정말 지난 일을 잊을 수 있을까요? 특히 가정에서는 더욱 힘든 일입니다. 가족들은 내가 저지른 잘못을 잊어버리도록 내버려 두지 않을 때가 많기 때문입니다. 어제 일이나 그 이전 일들, 혹은 몇 년 전의 일들까지 들추어냅니다.

오늘의 말씀을 살펴보면 참 재미있는 표현이 나옵니다. "푯대를 향하여"라는 말입니다. "목표를 향해"라는 뜻이지요. 과거의 일을 완전히 잊겠다는 목표는 어쩌면 완벽하게 이루지 못할 수도 있습니다. 그러나 앞으로 다가올 일을 바라보며 계속 마음을 집중한다면 목표에 다다를 것입니다. 결국 이것은 경주입니다. 계속 뒤를 돌아보면 절대 앞으로 나아갈 수 없습니다. 건강한 가족은 지나간 과거의 일에 집착하지 않고 푯대, 즉 목표에 집중합니다. 쉬운 일은 아니지만, 그만한 가치가 있습니다.

하나님 아버지, 주님이 중요하게 여기시는 일에 더욱 마음을 집중해야 한다는 것을 다시 기억나게 해주셔서 감사합니다. 우리 눈이 오직 주님만을 바라볼 때, 이 경주에서 승리할 수 있다는 것을 믿습니다.

평온한 마음

**분을 내어도 죄를 짓지 말며
해가 지도록 분을 품지 말고 에베소서 4:26**

　차분한 태도로 냉정하고 침착하게 자신의 잘못을 인정하는 것은 항상 쉽지만은 않습니다. 특히 가족 관계 안에서 한꺼번에 너무 많은 문제가 일어날 때는 더욱 어렵습니다. 우아하고 기분 좋게 가족들을 대하고 싶지만, 항상 그렇게 반응할 수 없습니다. 화난 마음을 누르려고 애를 써도 터지는 울화통이 우리를 이겨 버리고 맙니다.

　감정이 소용돌이치며 통제하기 어려울 때는, 하나님이 우리 마음을 제자리로 회복시켜 주시도록 맡겨 드려야 합니다. 이를 위해 우리가 할 수 있는 한 가지 방법은 화가 난 채로 잠자리에 들지 않는 것입니다. 잠자리에 눕기 전에 마음을 가라앉히고 해가 지기 전에 화를 풀 수 있다면, 우리는 더 행복한 내일을 맞이할 것입니다. 매일 더 행복해지는 정말 좋은 가정이 될 것입니다.

　하나님 아버지, 항상 평안한 마음을 유지하는 것이 쉽지 않습니다. 주전자가 끓기 시작하면 그 후에는 식히기 어려운 것처럼 제 마음도 그런 것 같습니다. 내일은 더 나아지고 싶은 소망을 주시는 주님, 감사합니다. 화가 난 채로 잠자리에 들지 않도록, 그래서 우리 가정에 평안이 깃들도록 도와주소서.

나의 신분

**이러므로 내가 하늘과 땅에 있는 각 족속에게
이름을 주신 아버지 앞에 무릎을 꿇고 비노니** 에베소서 3:14-15

세상의 모든 가정은 하나님 아버지와 우리의 관계를 본으로 삼아 만들어졌습니다. 우리는 하나님의 자녀이고, 하나님은 우리의 아빠이십니다! 생각할수록 너무나 놀랍습니다. 가장 이상적인 아버지의 본이 되시는 하나님은 사랑과 자비와 훈육의 모범을 놀라울 만큼 조화롭게 보여 주십니다. 우리 가정이 어떤 모습을 따라 살아야 할지 알고 싶다면, 하나님이 다스리시는 모습을 자세히 살펴보십시오. 하나님은 자녀들을 이끌고 인도하시며 잘못을 바로잡으시는 최고의 아빠이자, 가장 완벽한 아버지이십니다.

우리는 하나님이 우리를 다정하게 이끄시는 방식을 보며 배울 수 있습니다. 하나님은 우리가 잘못했을 때 머리를 때리는 분이 아니십니다. 오히려 그와는 정반대의 분이시지요! 우리가 이런 하나님을 깨달아 안다면, 안심하고 그분의 자녀가 될 것입니다. 하나님을 위해 무엇을 하지 않아도 됩니다. 완벽해지려고 애쓸 필요도 없습니다. 우리가 알아야 할 교훈이 있다면, 하나님이 가르치고 훈육해 주실 것입니다. 우리는 그 가르침을 통해 하나님이 자랑스러워할 만한 자녀들로 빚어질 것입니다.

하나님 아버지, 주님의 방식으로 우리를 사랑해 주셔서 감사합니다. 주님은 부드러운 사랑으로 훈육의 깊이를 더하는 분이십니다. 우리가 왕의 자녀라는 사실이 얼마나 감사한지요!

흘러넘치는 복

**주라 그리하면 너희에게 줄 것이니 곧 후히 되어 누르고
흔들어 넘치도록 하여 너희에게 안겨 주리라 너희가 헤아리는
그 헤아림으로 너희도 헤아림을 도로 받을 것이니라 누가복음 6:38**

마른 스펀지를 물속에 담갔다 꺼내면, 속까지 흠뻑 젖을 것입니다. 스펀지를 짜면 더 많은 물이 쏟아져 나오겠지요. 머금었던 물기가 흘러넘치는 것입니다.

우리가 무엇을 나누어 줄 때의 모습이 바로 이렇습니다. 우리는 물속에 잠긴 스펀지와 같습니다. 하나님은 우리가 자신을 아낌없이 내어 주도록 충분히 채워지길 원하십니다. 다시 나누어 주려면 다시 채워져야 하지요. 흠뻑 채워서 나누어 주고, 다시 채워지고, 또 나누어 주는 과정이 반복됩니다. 나눔이란 이렇게 즐거운 일입니다! 주는 것이 얼마나 큰 복인지요.

앞으로 복을 받았다고 느껴지는 순간이 찾아오면, 이 한 가지를 꼭 기억하십시오. 내가 받은 복은 다른 사람에게 전해 주기 위한 것입니다. 내가 누린 성공과 물질적인 복들을 다른 이들과 함께 나누고, 그들도 그 일에 동참하게 하기 위한 것입니다.

하나님 아버지, 오늘 우리가 받은 복을 나누어 줄 이웃들을 생각나게 하소서. 우리가 주님이 가르쳐 주신 대로 그들에게 본을 보이고, 그들도 다른 이들에게 복을 나누어 주는 사람들이 되기를 원합니다. 우리 가족은 하나님의 약속을 바라보며 살겠습니다.

순결한 삶

**내가 완전한 길을 주목하오리니 주께서 어느 때나 내게
임하시겠나이까 내가 완전한 마음으로 내 집 안에서 행하리이다
나는 비천한 것을 내 눈앞에 두지 아니할 것이요 배교자들의 행위를 내가
미워하오리니 나는 그 어느 것도 붙들지 아니하리이다 시편 101:2-3**

순결한 삶을 산다는 것은 무엇일까요? 순결이란 단어는 성적인 행동과 관련해서 가장 많이 쓰이지만, 그보다 훨씬 더 중요한 의미가 있습니다. 순결하다는 말은 깨끗하다는 말과 같은 맥락의 단어입니다. 깨끗하고 결백한 삶을 산다고 말할 때, 우리는 세상 속에 살지만 세상에 속하지 않는 증인의 삶을 산다는 의미입니다. "하나님이 정해 주신 경계선"의 의미를 이해하고 그 경계선 안에서 사는 것입니다.

순결한 삶은 당연히 우리 마음과 생각에서 시작됩니다. 우리의 생각이 순수하지 않다면, 또 우리의 마음이 순결한 삶에 뿌리내리지 않는다면, 우리의 행동은 빗나가고 말 것입니다. 마음속에서 뿌리내리지 않은 부분을 행동으로만 제어하는 것은 어려운 일입니다. 그러므로 마음을 지키십시오. 생각을 꽉 붙드십시오. 예수 그리스도를 향해 마음을 모으고, 그분이 우리 앞에 놓아 주신 길을 따라 걷는 일에 자신을 맡기십시오. 그 길은 순결하고 완전한 길입니다.

주님, 순결하고 깨끗한 마음을 갖길 원합니다. 오늘 주님께 우리를 새로이 맡겨 드립니다. 우리의 생각을 사로잡아 주셔서 오직 선하고 아름답고 순결한 것들에만 집중할 수 있게 도와주소서.

찬양

**내가 주를 기뻐하고 즐거워하며
지존하신 주의 이름을 찬송하리니 시편 9:2**

우리는 가장 힘겨운 시간 속에서도 하나님께 찬양을 올려 드릴 사람들로 부름 받았습니다. 가족으로서 우리는 크고 작은 고난들 가운데 함께하게 됩니다. 질병과 실직, 사별 등을 겪는 동안 하나님을 찬양하기란 쉬운 일이 아닙니다. 하지만 우리의 마음과 눈을 들어 하늘을 바라보면, 모든 것을 하나님이 주관하심을 다시금 깨닫게 됩니다. "모든 일에" 감사하라는 말씀에 용기를 얻게 됩니다. 그것은 비록 어려운 상황에 놓여 있을지라도 여전히 노래로, 또 기도로 그분을 찬송해야 한다는 의미입니다.

고통이 다가와도 우리 마음 깊은 곳에서부터 내 마음의 소리가 아닌 그분의 대답을 기대하며 어떻게든 하늘을 바라보아야 합니다. 깨어진 곳을 정확하게 회복시킬 수 있는 분은 오직 하나님 한 분뿐이십니다. 그리고 그분은 우리가 입을 열어 찬양을 올려 드리기 시작할 때 이 모든 과정을 시작하십니다.

하나님 아버지, 우리 주변의 일들이 완전히 해결되지 않는다 해도, 전력을 다해 주님을 찬양하겠습니다. 우리 마음에서 우러나는 진심 어린 노래를 주님께 드리며, 그 찬양 속에 완전히 잠겨 그렇게 살아가겠습니다.

부모의 마음

**너희가 악한 자라도 좋은 것으로 자식에게 줄 줄 알거든
하물며 하늘에 계신 너희 아버지께서 구하는 자에게
좋은 것으로 주시지 않겠느냐 마태복음 7:11**

어떤 부모님이 자식의 생일날, 선물을 직접 고르라며 아이를 상점에 데리고 갑니다. 아이는 곧장 장난감 코너로 향합니다. 이제 돈 쓸 일만 남았는데, 엄마가 지갑을 열어 겨우 500원짜리 동전 한 개를 건네줍니다. "한곳에서 이 돈을 다 쓰면 안 된다." 아이는 동전을 물끄러미 쳐다보다가 엄마에게 따지듯 묻습니다. "지금 농담하시는 거죠?" 다행히도 엄마의 장난으로 밝혀집니다. 엄마는 아이에게 윙크를 하며, 다시 지갑을 열어 3만 원을 꺼내줍니다. 아이는 당장 달려가 마음에 쏙 드는 장난감을 사옵니다.

좀 우스운 이야기 같지만, 그 속뜻을 이해할 수 있을 것입니다. 부모도 자녀에게 멋진 선물을 주는 법을 이렇게 잘 아는데, 하물며 주님은 얼마나 더 잘 알고 계실까요? 우리가 할 일은 의심을 거두고 그분께 구하는 것입니다. 오늘의 말씀을 다시 한 번 확인해 보십시오!

하나님 아버지, 주님이 쏟아부어 주시는 은혜가 필요합니다. 사탄이 우리 삶에서 빼앗아 간 것들을 다시 회복하게 해주시고, 필요한 모든 것을 채워 주소서. 그래서 다른 사람들에게 복이 되는 삶을 살 수 있도록 도와주소서.

모든 것을

**내게 능력 주시는 자 안에서
내가 모든 것을 할 수 있느니라** 빌립보서 4:13

나와 우리 가족이 모든 것을 다 할 수 있는 능력자가 되었다고 생각해 봅시다. 불가능한 일도, 위험한 일도, 심지어 무서운 일도 모두 말이지요. 정말 가능한 일일까요? 물론입니다. 주님의 능력 안에서 살아갈 때 우리는 놀라운 일을 할 수 있습니다. 맨손으로 사자와 곰과 맞서 싸우거나, 골리앗을 향해 물맷돌을 던지거나, 양쪽으로 갈라진 바다를 건널 때 하나님이 주시는 내적인 힘은 우리에게 필요한 모든 능력을 줍니다.

불가능하게 들리십니까? 그러나 이 모든 일과 이보다 더한 일들이 진정으로 주님을 신뢰했던 사람들에게 일어났습니다. 그들은 하나님이 주시는 능력으로 모든 일을 할 수 있다고 믿었고, 하나님은 실제로 그렇게 하셨습니다.

여기 오늘의 도전 과제가 있습니다. 오늘 하나님의 놀라운 능력이 나를 통해 나타나도록 그분을 신뢰하겠습니까? 한번 해보십시오.

하나님 아버지, 주님이 우리를 통해 놀라운 일들을 이루기 원하신다니 가슴이 벅차오릅니다. 주님이 마음속에 품고 계신 것들이 무엇인지 너무나 알고 싶습니다. 오늘 주님께 우리 자신을 드리고, 하나님이 하시고자 하는 일을 기대하며 잠잠히 기다리겠습니다. 너무나 멋질 것 같습니다!

미움받아도 복된 삶

> 인자로 말미암아 사람들이 너희를 미워하며 멀리하고 욕하고
> 너희 이름을 악하다 하여 버릴 때에는 너희에게 복이 있도다
> **누가복음 6:22**

사람들은 참 비열해질 때가 있습니다. 신앙을 가졌다는 이유로 우리를 조롱하거나 거부하고는 합니다. 그들의 주장을 증명하기 위해 우리에게 모욕을 주거나 과격한 행동을 하기도 합니다. 예수님이 그러셨던 것처럼 우리도 살면서 증오와 거절을 맞닥뜨리게 될 것입니다. 그러면 우리는 어떻게 반응해야 할까요? 같이 더 미워하고 더 크게 화를 내야 할까요? 더 강하게 그들을 거부해야 할까요?

그렇지 않습니다. 하나님의 말씀은 분명합니다. 우리를 미워하는 그들을 축복해 주어야 합니다. 다른 쪽 뺨을 내밀어야 하고, 사랑과 은혜와 자비를 보여 주어야 합니다. 그대로 가만히 당하고만 있으라는 말이 아닙니다. 예수님도 반드시 분노해야 하는 때에는 성전에서 가판대를 뒤엎기도 하셨습니다. 그렇지만 더 많은 순간 단순한 마음으로 그들을 용서하고, 그저 우리와 깊이 친해지려 하지 않는 사람도 있다는 사실을 받아들여야 합니다. 그래도 괜찮습니다.

하나님 아버지, 오늘 주님께 간구하오니 우리에게 상처를 주고 모욕하며 거부한 사람들에게 복을 더하여 주소서. 그들의 마음을 만져 주소서. 그 일은 오직 주님만이 하실 수 있습니다.

복된 가정

**온전하게 행하는 자가 의인이라 그의
후손에게 복이 있느니라
잠언 20:7**

"우리는 하나님의 은혜와 복을 받은 가정입니다!" 생각만으로도 근사한 말이지요. 모든 것이 가능하고 한이 없는 하나님의 복이 그리스도 안에서 모두 우리 것이 되었습니다. 이 복은 우리의 자녀, 손자, 증손자로 이어져 내려갑니다. 복을 받았다는 것은 받을 자격이 없는 은혜를 받았다는 의미입니다. 우리가 의로운 행동을 해서 받은 것이 아닙니다. 우리는 은혜를 얻으려고 노력할 필요가 없습니다. 너무나 기쁜 소식입니다.

하나님은 우리가 흠 없는 삶을 살 수 있도록 불러 주셨습니다. 그러나 이 모든 것은 예수님이 십자가에서 희생하여 흘리신 보혈을 통해서만 가능한 일입니다. 그분을 우리 삶의 주인과 구세주로 받아들이면, 우리 죄가 모두 씻어져 흠 없고 깨끗하게 됩니다. 그리고 그 은혜와 복이 우리로부터 나머지 가족에게까지 넘쳐흐르기 시작합니다. 그 은혜에 감사드립니다. 감사의 삶을 살게 하시는 하나님은 또 얼마나 놀라운 분이신지요.

우리에게 은혜를 베풀어 주시는 하나님 아버지, 너무나 많은 것을 허락해 주시고, 우리의 지경을 넓혀 주셔서 감사드립니다. 하나님의 아들이 십자가에서 이루신 일로 인해 우리는 은혜와 복이 넘치는 삶을 살게 되었습니다. 말로는 다 표현할 수 없는 감사를 주님께 올려 드립니다.

용기

> 무엇이든지 전에 기록된 바는 우리의 교훈을 위하여
> 기록된 것이니 우리로 하여금 인내로
> 또는 성경의 위로로 소망을 가지게 함이니라
> **로마서 15:4**

마음을 사로잡는 오늘의 말씀을 통해, 삶은 경주이고 우리는 상급을 바라보며 사는 인생인 것을 배웠습니다. 그러나 가장 성실하고 부지런한 선수라 할지라도 경기 중에 지칠 수 있습니다. 포기하고 싶은 지점에 다다르면 참고 견뎌야 합니다. 단단히 붙들고 버텨야 합니다. 숨을 제대로 쉴 수 없을 것 같아도 계속 달려야 합니다.

이 같은 용기는 어디서 오는 걸까요? 하늘에 계신 아버지와 그분의 말씀을 통해 우리는 용기를 얻습니다. 성경 말씀은 우리가 그만두고 싶을 때도 계속할 수 있는 용기와 격려를 줍니다. 우리는 말씀 속에서 희망을 발견하고, 그 희망을 붙들고 한 걸음씩 나아가며 경기가 끝날 때까지 성실하게 달려가야 합니다.

주님, 오늘 말씀을 통해 가장 훈련이 잘된 선수라도 지칠 수 있다는 것을 깨닫게 해주셔서 감사합니다. 주님 안에, 그리고 주님의 말씀 속에 우리에게 주시는 격려가 있음을 알게 되었습니다. 앞으로도 분명 지쳐 쓰러질 때가 있을 것입니다. 그럴 때마다 진정한 해답을 찾을 수 있는 유일한 분에게서 답을 구해야 함을 기억하게 하소서.

믿음

**믿음으로 칠 일 동안
여리고를 도니 성이 무너졌으며
히브리서 11:30**

"7일"은 하나님의 백성이 여리고성 주변을 돌았던 기간입니다. 7일간의 기대와 소망, 7일간의 기도, 7일간의 믿음, 그리고 7일간의 의심도 있었겠지만, 의심을 떨쳐 내고 그들은 최선을 다했습니다. 그리고 마지막 7일째 되던 날, 성벽이 와르르 무너져 내렸습니다. 하나님의 백성은 기뻐하며 서로 축하했을 것입니다. 그들의 성실함이 결실을 얻었습니다. 그들의 믿음이 보답을 받았습니다.

그들을 보며 우리가 배울 수 있는 교훈은 무엇입니까? 우리의 여행이 얼마나 길든, 그 여정이 얼마나 힘들든 우리는 믿음을 굳게 지켜야 합니다. 결코 포기할 수 없습니다. 계속 믿으며 끝까지 기대와 희망을 붙들고, 우리의 신뢰를 굳건히 해야 합니다. 우리도 이스라엘 백성처럼 반드시 성벽이 무너지는 것을 보게 될 것입니다.

주님, 감사합니다! 믿음과 끈기를 배울 수 있는 놀라운 이야기를 들려주셔서 감사드립니다. 겉으로 불가능해 보이는 상황을 만났을 때도 하나님을 신뢰했던 이스라엘 백성처럼 되고 싶습니다. 아무리 오래 걸리더라도 계속 전진하고, 바라고 믿으며 나아갈 수 있도록 도와주소서. 하나님 아버지, 주님을 경배합니다.

말조심

무릇 더러운 말은 너희 입 밖에도 내지 말고 오직 덕을 세우는 데
소용되는 대로 선한 말을 하여 듣는 자들에게 은혜를 끼치게 하라
에베소서 4:29

오늘 말씀에 나오는 "더러운 말"은 무엇일까요? 다른 사람을 저주하는 말일까요, 아니면 이 구절에서 더 배워야 할 것이 있다는 뜻일까요? 더러운 말이란 대화를 나눈 뒤 사람들로 하여금 더러운 기분이 느껴지게 하는 말입니다. 저주하는 내용이 전혀 없었다 해도 그렇습니다. 어쩌면 친구가 나에게 온갖 부정적인 말을 던져 놓아 낙심과 절망을 느끼게 되는 대화가 더러운 말일 수 있습니다. 다른 사람을 험담하는 자리에 끼게 되어 죄책감을 느끼게 되는 대화일 수도 있겠지요.

하나님은 우리의 대화가 흠 없고 순결하기를 간절히 바라십니다. 단순히 욕을 하지 않는 수준이 아니라 모든 말을 가려서 해야 합니다. 적절한 때 하는 적절한 말은 사람들을 세워 줍니다. 그러나 적절한 때 잘못된 말을 하는 것은 사람들에게 욕을 하며 위협하는 것과 같습니다. 물론 잘못된 말을 하는 데 적절한 때란 없겠지만 말입니다.

주님, 사람들이 자기 자신과 하나님에 대해 좋은 마음을 갖게 하고 싶습니다. 제 입에서 더러운 말을 내뱉고 싶지 않습니다. 우리 가족의 언어가 흠 없고 순수할 수 있도록 도와주셔서 하나님께 영광이 되고, 다른 사람들과도 건강한 관계를 이룰 수 있게 하소서.

과속 방지턱

**내 형제들아 너희가 여러 가지 시험을 당하거든 온전히 기쁘게 여기라
이는 너희 믿음의 시련이 인내를 만들어 내는 줄 너희가 앎이라**
야고보서 1:2-3

운전을 하다가 과속 방지턱을 만나면 운전자는 짜증이 납니다. 방지턱이 나올 때마다 운전 속도를 줄여야 하기 때문이지요. 차가 튀어 올라 덜커덩 내려앉지 않도록 운전자는 계속 브레이크를 밟아야 합니다. 그런데 과속 방지턱을 만들어 놓은 데는 나름의 목적이 있습니다. 도로 주변을 다니는 사람들을 보호하고자 일부러 차량의 속도를 줄이게끔 한 것입니다. 운전자들에게는 분명 걸림돌이 되겠지만, 주변 사람들에게는 복입니다.

우리의 영적인 과속 방지턱도 한번 살펴봅시다. 삶의 여정 가운데 나타나는 크고 작은 방지턱들이 당시에는 귀찮을 수 있지만, 더 큰 목적을 생각한다면 꼭 필요한 것입니다. 어쩌면 그 방지턱들은 우리에게 기다림을 가르쳐 주는지 모릅니다. 우리의 믿음을 세우고 있을지도 모릅니다. 시간이 지나면 모든 이유를 알게 될 것입니다. 그때까지는 주의하십시오. 앞에 과속 방지턱이 있습니다!

주님, 우리는 과속 방지턱을 그리 좋아하지 않습니다. 하지만 이제 보니, 우리는 자신과 다른 사람들을 보호하기 위해 가끔은 속도를 줄여야 한다는 것을 알겠습니다. 더 큰 목적을 위해 과속 방지턱이 만들어졌다는 사실을 다시 한 번 깨닫게 해주셔서 감사합니다. 주님을 신뢰합니다.

조용한 교제

> 날이 밝으매 예수께서 나오사 한적한 곳에 가시니
> 무리가 찾다가 만나서 자기들에게서 떠나시지 못하게
> 만류하려 하매 **누가복음 4:42**

예수님은 함께 있던 무리에서 빠져나와 한적한 곳에서 하나님 아버지와 둘만의 시간을 보내셨습니다. 그분은 우리도 그렇게 하기를 원하십니다. 가족과 함께 살면서 한적한 곳을 찾기란 쉽지만은 않습니다. 한적하고 조용한 곳으로 가고 싶어도 아예 불가능하게 느껴질 때가 많습니다. 욕실에서 혼자 샤워를 할 때도 항상 밖에서 누군가 문을 두드리지요.

오늘, 주님과의 조용한 교제를 위해 따로 구별될 수 있는 시간을 찾아보세요. 어쩌면 이 시간을 위해 문을 잠가야 할지도 모르지만, 하나님은 우리와의 시간을 간절히 원하십니다. 이 시간에는 모든 염려와 달려드는 무수한 생각을 밀어내고 오직 하나님께만 집중해야 합니다. 쉽지는 않지만, 우리에게 가장 좋은 본이 되시는 예수님은 아빠 하나님과 단둘이 보내는 시간이 그분과의 관계에서 얼마나 중요한지 보여 주셨습니다.

하나님 아버지, 주님과 함께하는 은밀한 곳으로 우리를 불러 주시는 그 사랑에 감사드립니다. 우리 모두에게는 그런 구별된 시간이 필요합니다. 그 시간을 확보하는 것이 언제나 쉬운 일은 아니지만, 주님과 함께하면 모든 염려와 근심이 사라집니다. 주님의 성령으로 우리를 이끌어 가시는 주님께 찬양을 올려 드립니다.

지도자를 위한 기도

**형제들아 우리가 너희에게 구하노니 너희 가운데서 수고하고
주 안에서 너희를 다스리며 권하는
자들을 너희가 알고 데살로니가전서 5:12**

성경은 주님의 일을 하는 지도자들을 존중하라고 우리에게 말씀합니다. 그들은 그럴 가치가 있는 사람들입니다. 그들에게 존중을 표하는 첫 번째 방법은 우선 그들의 기본적인 필요를 채워 주는 것입니다. 두 번째는 말로써 섬기는 것입니다. 비록 서로의 의견을 받아들일 수 없을지라도, 사실이 밝혀질 때까지 그들의 말을 믿어 주어야 합니다.

교회 성도들이 목회자나 예배 인도자들의 흠을 들추어내는 일이 너무나 많습니다. 하나님을 섬기기 위해 자신의 삶을 드렸는데 돌아오는 것은 공격뿐이라면, 참으로 가슴 아플 것입니다. 목회자와 교회 지도자들을 위해 기도해 주십시오. 자발적인 마음으로 할 수 있는 만큼 그분들께 도움을 드리십시오. 교회 지도자들을 사랑하고 지원하는 가족이 되기를 바랍니다. 하나님이 그런 우리의 선택을 기쁘게 받으실 것입니다.

주님, 영적 리더들을 위해 기도하는 것을 잊지 않도록 가르쳐 주셔서 감사합니다. 그분들은 정말 열심히 일하시는 분들입니다. 물론 그분들이 항상 옳은 건 아닙니다. 하지만 한결같이 기도하고 격려하겠습니다. 아버지, 감사합니다. 우리 교회에 지도자들을 세워 주셔서 주님의 일을 하게 하심을 감사드립니다.

찬양하는 가족

**한밤중에 바울과 실라가 기도하고
하나님을 찬송하매 죄수들이 듣더라
사도행전 16:25**

바울과 실라가 기도하고 찬양했던 시간은 언제였습니까? 모두가 잠든 한밤중이었습니다. 그들은 하나님을 찬양하기 위해 가장 어두운 그 시간을 택했습니다. 바울과 실라가 조용히 찬양을 했을까요? 절대 아닙니다. 그들은 "목청껏" 찬양했습니다. 그들의 찬양 소리가 너무 커서 다른 죄수들을 모두 깨웠습니다. 이때 갑자기 큰 지진이 나며 감옥 문이 모두 열리고, 모두 자유의 몸이 되었습니다.

감옥에 있으면서 그렇게 떠들썩한 목소리로 찬양하는 모습이 상상이 되십니까? 일이 잘 안 풀리는 날에는 찬양 몇 소절도 소리 내어 부르기가 어려운데 말입니다. 그러나 떠들썩한 찬양으로 쇠사슬이 부서졌습니다. 죄수들이 자유의 몸이 되었습니다. 그러니 이제 과감히 목청껏 찬양을 불러 보세요. 가장 힘겨운 시간의 한복판에서도 하나님께 찬양을 올려 드리십시오. 그리고 나와 우리 가족을 얽어매던 모든 사슬에서 하나님이 우리를 자유롭게 하시는 장면을 지켜봅시다.

하나님 아버지, 주님이 주시는 자유를 얻고 싶어서 주님을 찬양하기로 결단합니다. 지금 우리가 어떤 상황에 있든지, 주님은 찬양받기에 합당하신 분입니다. 주님은 우리의 왕이시며, 구원자이시며, 우리 삶의 주인이십니다. 그 주님으로 인해 감사하며 경배를 올려 드립니다.

고백

**만일 우리가 우리 죄를 자백하면 그는 미쁘시고 의로우사
우리 죄를 사하시며 우리를 모든 불의에서 깨끗하게 하실 것이요
요한일서 1:9**

하나님이 우리에게 죄를 고백하라고 하시는 이유가 무엇일까요? 고백이 우리 영혼에 "정말" 유익하다는 것을 아시기 때문입니다. 가슴속에 있는 것들을 털어 내고 나면, 우리는 자유롭게 앞으로 나아갈 수 있습니다.

어쩌면 지금까지 가정의 문제로 씨름해 왔을 수도 있습니다. 사람들은 문제를 고백하기보다는 문제를 붙들고 있기를 더 좋아하는 듯합니다. 어린아이들만 보더라도 진실을 인정하기보다는 "내가 아니고, 쟤가 그랬어요."라고 말하며 불평을 늘어놓습니다. 잘못을 지적하려고 하면 서로 마음만 갈라질 때가 많습니다.

그러나 아무리 힘들어도 서로의 죄를 고백하고 문제를 정직하게 다루어야 치유가 찾아옵니다. 서로의 죄를 고백하는 "고백의 날"을 한번 가져 보면 어떨까요? 가족들을 편안하고 안전한 곳으로 초대해서 하나님께 죄를 고백하게 해주십시오. 그리고 그분이 베푸시는 용서와 치유를 경험해 보십시오.

주님, 오늘 주님께 우리 죄를 고백합니다. 아무리 큰 잘못이 있다 해도 주님은 우리를 여전히 사랑하시며 깨끗하게 새 출발을 하게 하실 것을 알기에, 우리 마음을 모두 털어놓습니다. 하나님 아버지, 우리도 가족들에게 그렇게 할 수 있도록 도와주소서. 우리 모두 새 출발이 필요합니다.

하나님의 백성

> 룻이 이르되 내게 어머니를 떠나며 어머니를 따르지 말고 돌아가라
> 강권하지 마옵소서 어머니께서 가시는 곳에 나도 가고
> 어머니께서 머무시는 곳에서 나도 머물겠나이다 어머니의 백성이
> 나의 백성이 되고 어머니의 하나님이 나의 하나님이 되시리니 **룻기 1:16**

성경에 나오는 룻 이야기를 아마 모두 좋아할 것입니다. 시어머니인 나오미에게 룻이 했던 말들은 수많은 사람에게 감동을 주었습니다. 룻은 나오미 곁에서 떨어지지 않기로 약속했을 뿐 아니라, 더 나아가 하나님의 가족인 나오미의 "백성"과 함께하겠다고 다짐했습니다.

우리도 마찬가지입니다. 하나님은 우리가 다른 믿는 자들과 연결되어 함께하기를 원하십니다. 무리에서 떨어져 나오면 위험에 처할 수 있습니다. 그러나 우리가 가까이 모여 하나님의 사람들과 함께 이웃으로 어울려 살면, 하나님의 안전망 속에서 살게 됩니다. 무엇보다 가장 좋은 것은 우리를 사랑해 주고, 받아 주며, 우리와 같은 마음을 가진 사람들에게 둘러싸여 살 수 있다는 것입니다. 하나님의 사람들과 함께 살아간다는 것은 얼마나 복된 특권인지요!

하나님, 우리의 삶에 사람들을 보내 주셔서 정말 감사합니다. 그들은 우리의 가족입니다! 인생의 풍랑을 지나며 서로 돕는 일에 주저하지 않고 서로 사랑하는 우리는 형제이고 자매입니다. 같은 마음을 가진 사람들과 한 공동체를 이루며 사는 것이 너무나 큰 복인 것을 느끼며 주님께 감사드립니다.

우리의 반석

**나의 영혼이 잠잠히 하나님만 바람이여 나의 구원이 그에게서 나오는도다
오직 그만이 나의 반석이시요 나의 구원이시요 나의 요새이시니
내가 크게 흔들리지 아니하리로다 시편 62:1-2**

"우리 남편은 내 반석이에요." 혹은 "아내는 나의 반석입니다." 라고 말하는 사람들을 종종 봅니다. 그 말은 이런 뜻이지요. "그는 내 주변 상황이 몹시 혼란스러울 때 내가 기댈 수 있는 유일한 사람입니다. 그는 언제나 변함없이 믿을 수 있습니다."

반석은 흔들리지 않습니다. 하나님은 우리 삶의 진정한 반석이 되어 주십니다. 그분은 환경에 따라 변하지 않으시며, 거센 바람에도 휩쓸리지 않으십니다. 뿌리를 깊이 내리고 굳건히 서서 우리 삶의 기초가 되어 주십니다. 우리가 그분께 매달리면, 주님은 언제든 우리 삶의 무게를 붙들어 주십니다.

오늘, 우리 가족이 어떤 일을 겪고 있든지 우리의 반석이 되어 주시는 하나님을 바라보며 기대하십시오. 암초투성이 바다를 지나 견고한 반석을 향해 헤엄쳐 가는 자신의 모습을 그려 보십시오. 이제 한 걸음씩 그 반석 위로, 위로, 위로 올라갑니다. 하나님은 우리에게 안전한 쉴 곳이 되어 주시며, 우리를 지켜 주십니다. 우리 하나님은 얼마나 좋은 분이신지요!

하나님, 당신은 우리의 반석이십니다. 우리를 둘러싼 세상이 흔들리고 우리의 삶에 변화가 찾아올 때도 주님은 그 자리에 계십니다. 주님, 당신을 신뢰합니다. 당신께 달려갑니다. 당신께 매달리며 당신 안에서 쉼을 얻습니다. 좋을 때나 나쁠 때나 언제나 우리 곁에 계시는 주님을 찬양합니다.

함께 기도하기

**내가 항상 내 하나님께 감사하고
기도할 때에 너를 말함은** 빌레몬서 1:4

"항상"이라는 단어를 깊이 생각해 본 적이 있습니까? 어떤 일을 항상 하겠다고 말할 때는 그 일을 중간에 그만두거나 잊어버리지 않겠다는 뜻입니다. 불행히도 우리는 우리가 말한 것을 항상 하기 위해 그것을 기억하는 일조차 항상 하지는 못합니다. 우리는 잘 잊어버리는 사람들이니까요!

이럴 때 하나님이 "항상" 변함없는 분이라는 사실은 너무나 기쁜 소식입니다. 우리가 기억해야 하지만 잊어버린 일들을 하나님이 생각나게 하십니다. 누구를 위해 구체적으로 어떻게 기도해야 할지도 알려 주시지요. 힘든 일을 겪는 사람들을 기도로 일으켜 주는 것은 얼마나 놀라운 특권인가요. 기도가 필요한 바로 그 순간에 그들을 생각나게 하시는 주님은 또 얼마나 좋은 분이신지!

우리가 하는 기도는 우리에게로 되돌아옵니다. 우리가 기도해 주는 바로 그들이 우리가 도움이 필요할 때 기도로 우리를 일으켜 세워 줄 사람들입니다. 얼마나 아름다운 기도의 연결 고리입니까! 이 모든 관계의 중심에 계신 하나님은 정말 멋진 분이십니다!

하나님, 기도로 연결된 관계들을 사랑합니다. 우리를 위해 기도하는 사람들에게 둘러싸여, 우리도 그들을 위해 기도합니다. 오늘 우리의 기도가 필요한 사람들을 기억나게 해주셔서 감사합니다. 주님의 보좌 앞으로 그들을 올려 드립니다. 우리 삶에 그들을 보내 주셔서 감사드립니다.

바람을 잡지 않도록

**자기 집을 해롭게 하는 자의 소득은 바람이라
미련한 자는 마음이 지혜로운 자의 종이 되리라 잠언 11:29**

가족이 아닌 사람으로 인해 가정에 문제가 생기는 것과 가족 중 한 사람으로 인해 가정이 혼란스러워지는 것은 완전히 다른 문제입니다. 이 경우 가정이 위험해질 뿐 아니라 문제를 일으키는 당사자도 위험에 빠집니다.

오늘 말씀의 의미는 명확합니다. "자기 집을 해롭게 하는 자의 소득은 바람이라"("자기 집을 해치는 사람은 바람만 물려받을 것이요", 표준새번역). 이 말씀은 무슨 뜻입니까? 바람은 이리저리 불지만, 손으로 잡을 수는 없습니다. 집안에서 문제를 일으키는 사람은 가정에서 물려받을 유산에 대한 권리를 놓치고 있는 것입니다. 가정에서 얻어야 하는 것들보다 바람을 움켜잡은 것이지요. 그러므로 가정에 혼란을 일으키기 전에 신중히 생각해 보십시오. 바람보다 견고한 무언가를 붙들기 원한다면, 가족을 힘들게 하기 전에 다시 한 번 생각하는 편이 좋을 것입니다.

주님, 문제를 일으키고 싶은 유혹을 받을 때 우리를 도와주소서. 우리 마음과 영혼을 잠잠하게 하시고, 참고 견딜 수 있는 힘을 주소서. 어려운 상황에 있을 때도 우리 가족 모두가 다른 사람들에게 좋은 본보기가 될 수 있기를 원합니다.

오늘 하나님을 선택합니다

**만일 여호와를 섬기는 것이 너희에게 좋지 않게 보이거든
너희 조상들이 강 저쪽에서 섬기던 신들이든지 또는 너희가 거주하는
땅에 있는 아모리 족속의 신들이든지 너희가 섬길 자를 오늘 택하라
오직 나와 내 집은 여호와를 섬기겠노라 하니 여호수아 24:15**

우리는 매일 주님을 섬기기로 선택해야 합니다. 곧고 좁은 길을 걷는 것을 너무 답답하게 느끼는 사람들도 있습니다. 그런 사람들은 하나님을 섬기지 않기로 선택합니다. 그러나 우리 가정은 우리의 마음과 우리가 받은 은사들을 다하여 무엇보다 하나님을 가장 우선으로 섬기기로 선택할 것이고, 앞으로도 계속 그럴 것입니다.

우리가 하나님을 하나님으로 높여 드린다면, 그분은 계속 합당한 자리에 계실 것입니다. 하나님을 섬기는 것은 귀찮고 번거로운 일이 아닙니다. 그것은 복입니다. 갇히는 것이 아니라 자유로워지는 길입니다. 하나님께 우리 가족을 드리는 것은, 실제로 우리가 할 수 있는 가장 안전한 일입니다. 물론 우리는 매일 그 선택을 해야 합니다. 결코 후회하지 않을 것입니다.

주님, 오늘 우리 가족의 첫 번째 자리에 주님을 모시기로 선택합니다. 항상 주님을 우선으로 생각하겠습니다. 제대로 되는 일이 아무것도 없을 때가 되어서야 주님을 찾지도 않겠습니다. 우리 가족 모두가 그렇게 하겠습니다. 하나님이 우리 가정의 머리가 되심을 믿으며, 우리 삶의 모든 날 동안 주님을 섬기겠습니다.

하나님의 시간

> 하나님이 모든 것을 지으시되 때를 따라 아름답게 하셨고
> 또 사람들에게는 영원을 사모하는 마음을 주셨느니라
> 그러나 하나님이 하시는 일의 시종을
> 사람으로 측량할 수 없게 하셨도다 **전도서 3:11**

주님의 시간표를 이해하기는 어렵습니다. 하나님은 시간의 지배를 받는 분이 아니시기 때문입니다. 그분은 하루 24시간, 일주일에 7일이라는 틀에 갇혀 있지 않으십니다. 그분에게는 하루가 천 년 같고 천 년이 하루 같습니다. 그래서 하나님은 우리 기도가 즉시 응답되지 않아도 조급해하지 않으시는지 모릅니다. 응답이 이루어지고 있음을 알고 계시기에 그때가 언제일지에 대해서는 걱정하지 않으십니다.

반면 우리는 시간의 지배를 받습니다. 우리는 구체적인 모든 것을 알고 싶어 하며, 특히 기도가 "언제" 응답될지에 대해서는 더욱 그렇습니다. 하나님은 우리의 때가 아닌 그분의 시간에 모든 일을 아름답게 하시는 것을 기억해야 합니다. 하나님을 평안한 마음으로 신뢰할 때 모든 일이 달라질 것입니다. 결과가 얼마나 놀랍게 이어질지 다 헤아릴 수는 없지만, 우리는 그분의 때에 일하시는 하나님을 신뢰할 수 있습니다. 그때까지 변함없이 하나님께 성실해야 합니다. 그렇게 하기 어려울 때라도 말입니다.

주님, 우리가 시간에 구애받으며 살 필요가 없다는 것을 날마다 생각나게 해주소서. 중요한 것은 오직 주님의 사랑과 성실하심뿐입니다.

찬양의 제사

너희 중에 고난 당하는 자가 있느냐
그는 기도할 것이요 즐거워하는 자가 있느냐
그는 찬송할지니라 **야고보서 5:13**

우리를 괴롭히는 고통을 치유하는 방법은 늘 같습니다. 바로 찬양과 감사입니다. 찬양의 노래를 올려 드릴 때, 우리는 상황을 넘어서 하늘 보좌로 들어가게 됩니다. 그러면 세상의 문제들이 머릿속에서 모두 사라지고, 우리는 모든 문제 위에 서게 됩니다. 이것을 찬양의 "제사"라고 부르는 이유는 그 과정이 항상 저절로 되거나 쉽게 되지 않기 때문입니다.

찬양의 제사를 드린다는 것은 힘겨울 때도 찬양을 올려 드린다는 뜻입니다. 비록 쉬운 일은 아니지만, 일단 찬양을 시작하면 점차 더는 어려운 일이 아닌 너무나 근사한 일이 됩니다. 그러니 이제 마음을 올려 드리십시오. 우리의 목소리와 노래를 올려 드리십시오. 그리고 우리를 끊임없이 괴롭히는 고통의 원인을 하나님이 가져가시는 모습을 지켜봅시다. 그분이 문제에서 순전한 기쁨으로 우리의 초점을 옮기시는 과정을 지켜보도록 합시다.

주님께 찬양의 제사를 올려 드립니다. 그것이 항상 쉬운 일은 아니지만, 결과는 항상 선하다는 것을 알기에 주님께 찬양을 드리기로 선택합니다. 주님의 임재 안에서 주님과 함께 보내는 시간이 너무나 좋습니다. 바로 그 시간에 우리가 치유를 받습니다. 아버지 하나님, 여기 우리가 왔습니다. 목소리를 높여 주님을 찬양할 수 있어서 너무나 행복합니다.

선한 목자

> 너희 생각에는 어떠하냐 만일 어떤 사람이 양 백 마리가 있는데
> 그중의 하나가 길을 잃었으면 그 아흔아홉 마리를 산에 두고 가서
> 길 잃은 양을 찾지 않겠느냐 **마태복음 18:12**

길을 잃고 헤맬 때 주님이 우리를 찾으러 오신다는 사실이 너무나 기쁘고 감사하지 않습니까? 그분은 늑대가 우리를 집어삼키도록 버려두지 않으십니다. 다른 양들을 들판에 남겨 놓고서라도 우리를 발견할 때까지 찾아다니십니다.

주님은 그만큼 우리를 아끼고 사랑하십니다. 무리에서 떨어져 나간 작은 양 한 마리에게까지 관심을 가지실 거라 생각하지 않을 수도 있지만, 그분은 다 알고 계십니다. 그분은 우리가 상상하지 못할 정도로 우리를 세심하게 보살펴 주십니다. 우리가 몇 번이고 다시 길을 잃는다 해도 절대 우리를 포기하지 않으십니다. 우리가 그분의 인도하심과 그분의 뜻에 우리 자신을 드리기를 바라시며 끊임없이 우리를 찾아다니십니다.

일단 주님을 신뢰하는 법을 배우고 나면, 우리는 양 무리 안에 머물며 행복을 느끼게 됩니다. 그곳은 완전한 보살핌을 받을 수 있는 완벽하게 안전한 장소입니다. 그곳에 가장 선한 목자가 계시기 때문입니다!

하나님 아버지, 우리는 자꾸만 무리에서 떨어져 나가 곤경에 빠지곤 합니다. 늑대들이 우리를 잡아가려고 자리를 잡고 앉아 있지만, 주님은 언제나 가장 알맞은 때에 오셔서 우리를 다시 무리로 데려갈 준비가 되어 있으십니다. 주님, 정말 감사드립니다.

어쨌든 그 일을 하기

모든 수고에는 이익이 있어도
입술의 말은 궁핍을 이룰 뿐이니라 **잠언 14:23**

보통 의무적으로 해야 하는 일은 힘든 일인 경우가 많습니다. 왜일까요? 그 일들은 대개 우리가 별로 하고 싶지 않은 일들이기 때문입니다. 가령 집안 살림이나 빨래 같은 일처럼 말이지요. 이런 일들을 언제나 쉽게 할 수는 없지만, 성공적이고 유익이 되는 삶을 위해서는 열심히 해야 합니다.

장을 보고, 바닥을 닦고, 각종 청구서를 처리하고, 옷장을 정리하는 일 등 해야 할 일들을 말하는 것만으로도 하루가 모자랄 것입니다. 그런데 말만으로는 일이 저절로 되지 않습니다. 우리 자신을 헌신하며 그 일에 몰두할 때, 일이 마무리된 후의 멋진 모습을 누릴 수 있습니다. 그때 우리는 깨끗한 집과 정돈된 옷장, 가득 찬 식료품 창고를 바라보며 더없이 행복할 것입니다.

주님, 우리에게 솟구치는 힘이 필요할 때가 있습니다. "하고 싶은 일"을 나중으로 미뤄야 할 때도 있습니다. 하나님 아버지, 우리가 일을 잘할 수 있도록 가장 잘 이끌어 주실 분은 주님뿐입니다. 주님을 의지합니다. 어떤 일을 시작할 때만이 아니라, 일을 마칠 때까지 우리를 도와주소서. 주님이 도와주시면 우리는 할 수 있습니다.

돈에 대하여

**돈을 사랑함이 일만 악의 뿌리가 되나니
이것을 탐내는 자들은 미혹을 받아 믿음에서 떠나
많은 근심으로써 자기를 찔렀도다 디모데전서 6:10**

"돈이 모든 악의 뿌리"라는 말을 들어 본 적이 있을 것입니다. 그 말은 완전히 잘못된 말입니다. 돈 자체는 절대로 악이 아닙니다. 돈은 선하지도 악하지도 않습니다. 돈은 중립적인 것입니다. 그러나 우리가 돈을 지나치게 사랑하거나, 정말 중요한 것보다 돈을 더 추구할 때 문제가 생깁니다. 이런 경우 우리는 종종 금전적 이익에 지나치게 집중하다가, 믿음의 길에 대해서는 까맣게 잊고 위험한 곳에 발을 들여놓게 됩니다. 돈을 지나치게 사랑하는 마음은 온갖 문제를 일으키는데, 그 피해를 해결하기란 참 어렵습니다.

그런데 사랑은 돈처럼 중립적인 것이 아닙니다. 사랑에는 몰고 가는 힘이 있습니다. 그래서 우리가 돈을 사랑하면, 돈에 휘둘리게 되는 것입니다. 점점 더 많이 원하지만 절대로 충분해지지 않고, 결코 만족할 수도 없습니다. 만족하지 못하는 마음은 하나님에게서 멀어지게 만드는 적입니다. 그러므로 마음을 지키고, 지금 가진 것에 만족하는 법을 배우십시오. 우리의 열정을 돈에 쏟지 않기를 바랍니다.

하나님 아버지, 돈과 물질적인 소유를 좇는 마음이 우리를 주님에게서 멀어지게 만든다는 것을 다시 한 번 깨닫게 해주셔서 감사합니다. 주님이 당연히 계셔야 할 자리를 주님께 내드리겠습니다.

기쁨과 고통

**지혜로운 아들은 아비를 즐겁게 하여도
미련한 자는 어미를 업신여기느니라
잠언 15:20**

한 가정에 어쩌면 이렇게 각양각색의 성격이 존재할 수 있을까요? 같은 부모에게서 태어나도 부지런하고 친절한 아이가 있는 반면, 어리석고 이기적인 아이도 있습니다. 날마다 기쁨을 주는 일과 고통이 되는 일이 번갈아 일어나며 우리의 감정을 이리저리 흔들어 댑니다. 어떤 사람은 어리석은 자녀에 대한 책임을 부모의 양육 탓으로 돌리고는 합니다. 버릇없이 키운 결과, 자기밖에 모르는 아이가 되었다고 말입니다. 그러나 많은 경우 그것이 전부는 아닙니다. 그저 성격의 차이인 경우도 있습니다.

지금 가족 관계에서 많은 문제를 겪고 있다 해도, 극복해 나갈 수 있습니다. 소신을 가지고 아이들에게 엄한 사랑을 베푼다면, 하나님은 그 과정을 통해 영광 받으실 것입니다. 또한, 가족 전체를 위해서도 매우 가치 있는 일이 될 것입니다.

주님, 우리 가정에서 일어나는 기쁜 일, 고통스러운 일로 인해 온갖 감정을 경험하게 됩니다. 이제는 이해할 수 있다고 생각하는 그 순간, 또다시 중심을 잃고 흔들리고는 합니다. 오늘 주님 앞으로 나아가오니, 우리 가족이 마음의 평정을 유지하며 살 수 있게 도와주소서. 주님만이 이 일을 하실 수 있습니다. 우리의 기도를 들으시는 아버지, 감사드립니다.

보호의 우산

그러나 주께 피하는 모든 사람은 다 기뻐하며
주의 보호로 말미암아 영원히 기뻐 외치고
주의 이름을 사랑하는 자들은 주를 즐거워하리이다
시편 5:11

우산 없이 폭풍우 속으로 나가면 금방 흠뻑 젖게 되겠지요! 성경은 주님의 보호하심이 마치 우산처럼 우리 위에 펼쳐져 있다고 말합니다. 삶의 폭풍우가 불어닥칠 때 주님의 우산이 그곳에 있습니다. 그 신성한 우산이 얼마나 안전한지 알기에 우리는 그 아래에서 춤을 추고 노래할 수 있습니다. 또한, 주님이 바로 거기 계시며, 실제로 손을 뻗어 그 손을 꼭 잡을 수 있을 만큼 가깝게 계시다는 것도 우리는 압니다.

하나님은 우리 가족 전체를 보호해 주십니다. 나이가 많든 적든 상관없이 주님은 우리 모두를 덮어 주십니다. 폭풍이 치는 동안 주님은 우리의 피난처가 되어 주십니다. 그러나 그보다 더 좋은 것은 폭풍 속에서도 우리가 그분께 찬양을 올려 드릴 수 있다는 것입니다. 주님이 모든 것을 돌보신다는 확신이 우리 안에 있을 때, 찬양은 너무나 쉬운 일이 됩니다.

주님, 인생의 폭풍을 지나는 동안 우리의 우산이 되어 주시니 너무나 좋습니다. 하나님 아버지를 신뢰합니다. 주님이 우리를 완전하게 덮어 주시니, 비바람 치는 길을 가면서도 춤추고 노래하며 주님을 찬양할 수 있습니다. 주님, 오늘도 주님을 노래하며 찬양하겠습니다.

행복한 마음

**이러므로 나의 마음이 기쁘고
나의 영도 즐거워하며 내 육체도 안전히 살리니
시편 16:9**

마음이 행복하면 몸도 긍정적으로 반응합니다. 심장 박동수가 안정되고, 골치 아픈 생각이 사라지며, 호흡이 일정하게 이어집니다. 행복은 전염됩니다! 사람의 마음을 움직이기도 하지요. 우리 자신에게만 영향을 미치는 것이 아닙니다. 우리가 미소를 띠면 주변 사람들에게 전염이 됩니다. 미소로 입꼬리가 올라간 우리의 얼굴을 보면 그들도 싱긋 웃으며 반응하게 됩니다. 계속 그렇게 미소는 퍼져 나갑니다.

이 모두가 한 사람의 행복한 마음에서 시작됩니다. 무엇보다도 마음이 행복하면 안정된 가운데 안식을 누릴 수 있습니다. 행복한 마음은 어떤 일이 있든 온전히 하나님만을 신뢰하는 마음이기 때문입니다. 무엇을 더 기다리고 있습니까? 자! 이제 행복해지는 겁니다!

주님, 우리 몸은 우리 마음이 행복해지길 기다리고 있다는 것을 이제야 알았습니다. 마음이 행복해지면, 몸이 반응하게 될 것입니다. 하나님 아버지, 오늘 우리 마음을 주님의 기쁨으로 가득 채워 주소서. 우리 안에 있는 기쁨이 전염되어 다른 사람들도 그 행복을 나눌 수 있길 원합니다.

선한 사마리아인

**예수께서 대답하여 이르시되 어떤 사람이 예루살렘에서
여리고로 내려가다가 강도를 만나매 강도들이
그 옷을 벗기고 때려 거의 죽은 것을 버리고 갔더라**
누가복음 10:30

선한 사마리아인 이야기는 매번 우리의 마음을 사로잡습니다. 먼저 강도에게 물건을 빼앗기고 두들겨 맞아 쓰러져 있는 불쌍한 사람에게로 우리의 마음이 향합니다. 그다음 그를 도와주지 않고 지나갔던 모든 사람에게 화가 나지요. 마지막으로, 도와줄 가능성이 가장 적어 보였던 사마리아인이 도울 뿐 아니라 자신의 의무를 훨씬 넘어서는 행동을 하는 것을 보며 우리는 안도의 한숨을 내쉽니다.

우리는 이 이야기의 모든 등장인물에게서 자신의 모습을 봅니다. 하지만 우리가 애쓰며 닮아 가야 할 인물은 바로 도움을 주기 위해 길을 멈춰 섰던 한 사람입니다. 우리 가족이 착한 사마리아인처럼 어려움에 처한 이들을 돌보는 사람이 되도록 기도해야 합니다. 우리 가족이 도움이 필요한 이들을 진정으로 돌보는 사람들, 도움의 손길을 베풀기 위해 멈춰 서는 사람들로 비치기를 소망합니다.

하나님 아버지, 우리가 좋아하는 이야기입니다. 다친 남자가 너무 안쓰러웠습니다. 우리도 그와 같은 처지가 되어 본 적이 있지요. 가던 길을 멈추고 도움을 베풀어 주었던 선한 사마리아인을 우리가 더욱 닮아 가길 간절히 원합니다. 어려움에 빠진 이들을 어떻게 섬겨야 할지 가르쳐 주소서.

끊을 수 없으리라

내가 확신하노니 사망이나 생명이나 천사들이나 권세자들이나
현재 일이나 장래 일이나 능력이나 높음이나 깊음이나
다른 어떤 피조물이라도 우리를 우리 주 그리스도 예수 안에 있는
하나님의 사랑에서 끊을 수 없으리라 **로마서 8:38-39**

단단히 묶인 매듭을 풀려고 애쓴 경험이 있다면, 누군가 또는 어떤 것이 우리를 하나님의 손에서 떼어 내는 것이 얼마나 어려운지 짐작할 수 있습니다. 하나님과 우리는 서로 단단히 매여 있어서 아무도 그 사이를 갈라놓을 수 없습니다.

살다 보면 문제가 찾아올 수 있지만, 하나님의 손에서 우리를 떼어 낼 만큼 강력한 문제는 없습니다. 관계의 위기도, 직장을 잃는 것도, 질병도, 뜻밖에 얻게 된 경제적 이익도, 엄청난 성공도, 막대한 실패도……. 그 무엇도 하나님의 사랑에서 우리를 끊을 수 없습니다. 이 얼마나 안심되는 말인지요!

우리는 그분의 사랑을 얻으려 애쓸 필요가 없습니다. 우리의 하루가 어떠했든, 좋은 날을 보냈든 나쁜 날을 보냈든, 또 우리의 기분과 상관없이 지금 이 순간에도 그분은 우리에게 가까이 다가오셔서 사랑을 속삭이시고, 우리를 대신해 일하십니다. 하나님은 우리를 너무나 사랑하십니다. 무슨 말이 더 필요하겠습니까!

주님이 우리를 그토록 사랑해 주시며, 주님의 사랑에서 우리를 떼어 놓을 수 있는 것은 아무것도 없다는 사실에 너무나 안심이 됩니다. 우리 가족이 하나님의 것임을 알기에 안도의 숨을 쉴 수 있습니다.

화내는 마음

**이제는 너희가 이 모든 것을 벗어 버리라
곧 분함과 노여움과 악의와 비방과 너희 입의
부끄러운 말이라 골로새서 3:8**

"왜 걸핏하면 화를 내는 거니!" 우리가 화를 참지 못해 힘들어 할 때 종종 듣는 말입니다. 화가 난 감정을 다스리는 일은 어린 시절에만 겪는 어려움이 아닙니다. 평생 씨름해야 할 문제이지요. 여러 명이 함께 사는 가정 안에서 이 문제는 꽤 힘든 일입니다. 모두가 동시에 화를 낸다면 집이 얼마나 엉망이 될지 한번 상상해 보십시오. 아마 난장판이 될 것입니다.

화가 날 때는 천천히 숨을 내쉬고 들이마시면서 열까지 세어 보세요. 그리고 화나는 마음을 없애 달라고 하나님께 기도하는 겁니다. 우리가 감정의 소용돌이 속에서 빠져나오면 하나님이 우리의 화를 거두어 가실 것입니다.

주님께 우리의 감정을 보여 드리는 것을 절대로 두려워하지 마십시오. 결국, 우리를 만든 분은 그분이십니다. 주님은 우리가 감정에 휩싸여 있을 때를 분명히 아십니다. 하지만 우리 자신도 마음을 진정하고, 영혼을 잠잠하게 하며, 용서를 베푸는 일에 최선을 다해야 합니다. 그러면 다른 사람에게 상처 주는 일이 훨씬 줄어들 것입니다.

주님, 부디 우리의 마음을 지켜 주소서. 우리의 감정을 하나님 아버지께 올려 드립니다. 우리의 화난 마음을 주님의 손에 넘겨드립니다. 그 자리에 주님이 주시는 평안을 주소서.

좋은 것만 본받기

**사랑하는 자여 악한 것을 본받지 말고 선한 것을 본받으라
선을 행하는 자는 하나님께 속하고
악을 행하는 자는 하나님을 뵈옵지 못하였느니라
요한삼서 1:11**

아기들은 걸음마를 어떻게 배웁니까? 어떻게 말하고 노래하게 되나요? 바로 엄마, 아빠를 흉내 내면서 배우게 됩니다! 또 아이들은 선생님을 보면서 글을 쓰고, 수학 문제를 풀고, 시험 보는 법을 배웁니다. 연주자들은 레슨을 해주시는 선생님을 따라 하며 피아노, 바이올린 등의 악기를 배웁니다.

이렇듯 모든 삶에서 우리는 주변에 있는 것들을 따라 하고 흉내 내면서 성장해 갑니다. 우리는 선천적으로 다른 사람처럼 되고 싶어 하는 욕구를 타고났습니다. 그러므로 우리가 누구를 닮고 싶어 하는지 잘 살펴보는 것이 매우 중요합니다. 좋은 것만 본받고 악한 것은 따라가지 않도록 조심해야 합니다. 우리는 모두 어느 정도 누군가를 모방하려는 경향이 있습니다. 혹시 지금 누군가를 따라 하고 싶다면, 그것이 거룩한 행동인지 나쁜 행동인지 꼭 확인하기 바랍니다.

주님, 우리는 모두 무엇인가를 본받으며 살고 있다는 것을 알게 되었습니다. 그 무엇보다도 주님을 본받으며 살기를 원합니다. 하나님 아버지를 닮아 가기를 간절히 원합니다. 세상 사람들이 우리의 순결함과 거룩함을 바라볼 수 있게 해주시고, 악한 것들은 우리에게서 도망치게 해주소서. 우리가 따라갈 수 있는 최고의 모범이 되어 주신 주님, 감사합니다.

염려

**아무것도 염려하지 말고 다만 모든 일에 기도와 간구로,
너희 구할 것을 감사함으로 하나님께 아뢰라
빌립보서 4:6**

우리의 필요를 하나님께 올려 드리면 특별한 자유를 누리게 됩니다. 주님께 모든 것을 맡겨 드리며 두 팔을 올리는 행위만으로도 한결 편안한 마음을 갖게 되지요. 문제가 사라지고, 무거운 짐이 가벼워집니다. 우리가 염려를 너무 꽉 끌어안지 않는다면, 훨씬 더 수월하게 그것을 풀어 주며 기꺼이 놓아줄 수 있습니다.

선택은 우리에게 있습니다. 오늘 우리가 붙들고 있는 걱정과 근심이 무엇이든 모두 다 내려놓고 주님의 손에 넘겨드리겠다고 의지적으로 선택하십시오. 오직 그분만이 그 문제들을 처리해 주실 수 있습니다. 무거운 짐들이 주님께 올려지면, 우리 짐이 얼마나 가벼워지는지 감격하게 될 것입니다. 무엇을 더 기다리고 있습니까? 양팔을 높이 들고 해방감을 맛보십시오!

주님, 우리 가족은 걱정하면서 근심 가운데 살고 싶지 않습니다. 걱정은 우리 마음을 에워싸며 숨을 쉴 수 없을 정도로 짓누릅니다. 하나님 아버지, 오늘 우리의 무거운 짐과 염려를 주님께 드립니다. 모든 염려를 가져가 주시고, 우리를 자유롭게 풀어 주셔서 감사합니다.

혼란을 물리치기

**하나님은 무질서의 하나님이 아니시요
오직 화평의 하나님이시니라
고린도전서 14:33**

하나님은 혼란을 일으키는 분이 아니십니다. 우리는 종종 삶에 일어나는 혼란과 하나님을 연결 지으며 혼란스러워할 때가 있습니다. 그래서 이 사실을 아는 것은 매우 중요합니다. 하나님은 그런 분이 아니십니다. 혼란을 만들어 내는 당사자는 다름 아닌 우리 영혼의 적입니다.

주님은 우리의 길을 인도하는 빛이십니다. 그러므로 만일 오늘 혼란스러운 상황을 만나게 되거든, 먼저 그 일과 하나님은 관련이 없다는 것을 분명히 해두십시오. 예수님의 이름을 부르며 적과 당당히 맞서야 합니다. 예수님의 이름을 부르면 적이 물러나고, 모든 어지러운 생각이 사라질 것입니다. 하나님은 무질서가 아닌 평안을 주는 분이십니다. 얼마나 다행입니까!

하나님 아버지, 주님은 우리 마음속에 혼란과 무질서한 생각을 만들어 내는 분이 아니라는 사실을 다시 한 번 깨닫게 해주셔서 감사합니다. 그런 생각들이 떠나가도록 예수님의 이름으로 명령하겠습니다.

구원의 능력

**다른 이로써는 구원을 받을 수 없나니
천하 사람 중에 구원을 받을 만한 다른 이름을
우리에게 주신 일이 없음이라 하였더라
사도행전 4:12**

예수님의 이름 외에 우리가 받은 다른 이름은 없습니다. 그 이름은 세상 무엇보다 뛰어나며, 우리를 구원하는 단 하나의 이름입니다. 예수님의 이름을 부르면, 그분은 어둠 속에서 우리를 구해 주시고, 깊은 수렁에 빠진 우리를 건져 내셔서 더 높은 곳으로 옮겨 주십니다.

아무리 애써 본들, 예수님이 아닌 그 어떤 이름에서도 구원의 능력을 찾을 수 없습니다. 사람들은 돈의 이름을 부르짖지만, 돈은 우리를 구원하지 못합니다. 관계 속에서 그것을 찾으려 하지만, 거기에도 구원은 없습니다. 큰 소리로 "가족"을 외쳐 보지만 가족도 나를 구원해 줄 수는 없습니다. 구원의 능력은 오직 한 분의 이름에만 있습니다. 오늘, 예수님의 이름을 불러 보십시오!

예수, 예수, 예수! 예수님의 이름에는 진정 특별한 것이 있음을 믿습니다! 예수님의 이름을 부르면, 사탄은 도망칠 수밖에 없습니다! 그 놀라운 이름을 통해 우리 삶이 변화되었습니다. 구원받고 자유롭게 되었습니다. 아들을 보내 주신 아버지 하나님께 어찌 감사를 다 표현할 수 있을까요!

변화

**육신을 따르는 자는 육신의 일을,
영을 따르는 자는 영의 일을 생각하나니**
로마서 8:5

우리는 본성의 지배를 받으며 그에 따라 움직입니다. 우리의 본성이 악하면 악한 행동이 뒤따르고, 우리의 본성이 성령으로 거듭나면 그에 맞게 바람직한 행동이 뒤따릅니다. 일단 예수님과의 관계 속으로 들어가면, 우리가 영혼을 다시 새롭게 하려고 노력하거나 잘못된 일을 바로잡으려고 애쓰지 않아도 된다는 사실을 알고 있습니까? 정말 굉장한 일입니다!

그러나 우리가 해야 하는 일도 있습니다. 예수님이 우리 마음속에 사시도록 간구하는 것입니다. 바로 그 행동이 변화의 기폭제가 되어 대단한 변화를 일으킵니다! 우리의 본성 전체가 다시 태어나게 됩니다. 아무리 악랄한 범죄자라도 성령님으로 인해 다시 태어난다면 거룩한 본성을 갖게 됩니다. 우리가 섬기는 하나님은 이렇게 우리를 변화시키는 놀라운 분이십니다.

하나님이 우리의 본성을 변화시켜 주셨습니다. 이제 더는 예전의 우리가 아닙니다. 생각과 반응과 태도가 완전히 달라졌습니다. 모든 사람을 공평하게 대하시는 주님, 우리에게 행하신 일을 다른 사람들에게도 해주실 것을 믿습니다. 우리를 변화시키는 하나님 아버지의 능력으로 인해 감사드립니다.

차별에 대하여

> 내 형제들아 영광의 주 곧 우리 주 예수 그리스도에 대한
> 믿음을 너희가 가졌으니 사람을 차별하여 대하지 말라
> **야고보서 2:1**

많은 사람이 자신은 사람을 차별하지 않는다고 주장합니다. 하지만 정말 그럴까요? 우리는 다양한 형태로 사람들을 차별하면서도, 그 사실조차 깨닫지 못할 때가 많습니다. 한 친구와 이야기하기 위해 다른 친구를 못 본 체하거나, 자녀 한 명을 흐뭇하게 바라보느라 다른 자녀를 그냥 지나치기도 합니다. 모임 중에서도 특히 더 좋아하는 모임이 있습니다. 이런 일은 항상 일어납니다.

주님을 모르는 사람이 이런 행동을 해서도 안 되는데, 하물며 그리스도인이 이런 행동을 한다면 주님의 마음은 더욱 찢어질 것입니다. 그분은 우리가 다른 사람들을 차별하는 것을 원치 않으십니다. 그분은 우리를 모두 동일하게 열렬히 사랑하시기 때문입니다. 주님은 우리 한 사람, 한 사람을 모두 똑같이 대하십니다. 우리는 모두 주님이 가장 사랑하는 자녀입니다. 혹시 내가 주님의 자녀 중 어떤 사람은 무시하고 어떤 사람은 더 좋아하는 건 아닌지 점검해 보십시오. 사람을 차별해서는 안 됩니다!

주님, 우리는 몇몇 친구들과 특별히 더 가깝게 지냅니다. 그것이 그리 큰 문제는 아닐 것입니다. 정말 심각한 문제는, 우리가 어떤 사람들을 고의로 무시하는 태도를 선택했다는 것입니다. 하나님 아버지, 우리가 그들을 다시 보게 해주심에 감사드립니다. 이제 그들이 우리 삶 속으로 들어왔습니다.

모든 민족에게

**이 천국 복음이 모든 민족에게 증언되기 위하여
온 세상에 전파되리니
마태복음 24:14**

한 가족이 모든 민족에게 나아가려면 어떻게 해야 할까요? 하나님은 우리가 남미나 아프리카, 유럽 등으로 가는 것을 원하실까요? 만일 그렇다면 전임 선교사가 되어야 할까요? 사실 모든 사람이 전임 선교사 일을 하며 살도록 부름 받은 것은 아닙니다. 오늘 말씀은 그런 의미가 아닙니다. 우리가 어디에 있든, 그곳에서 주변 사람들을 섬기는 빛과 소금이 되라는 말씀입니다.

도시에 살든, 시골에 살든, 도시 근교에 살든, 혹은 다른 나라를 돌아다니며 살든 우리는 우리의 빛을 밝게 비추며 살아야 합니다. 그리고 언제든 복음을 나눌 준비가 되어 있어야 합니다. 주님은 오늘 우리의 삶 속에 누군가를 곧장 보내실 수도 있습니다. 어쩌면 옆집에 사는 아가씨나 학교에서 만나는 친구가 될 수도 있겠지요. 우리의 빛이 밝게 빛나고 있다면, 우리는 지금 모든 민족에게 나아가 내게 주어진 역할을 감당하고 있는 것입니다. 우리가 있는 바로 그 자리에서 말입니다.

주님, 선교지로 가는 것도 너무 좋을 것 같습니다. 하지만 지금 우리가 있는 바로 이곳에서도 주님이 저와 우리 가족을 쓰신다는 것이 너무나 기쁩니다. 하나님 아버지, 우리에게 이런 특권을 주셔서 정말 감사합니다. 주님을 위해 우리의 빛이 밝게 빛나게 해주소서.

최선을 다하기

**무슨 일을 하든지 마음을 다하여 주께 하듯 하고
사람에게 하듯 하지 말라**
골로새서 3:23

"혼신의 힘을 다해야 합니다!" "최선을 다하십시오!" 우리는 살면서 이런 말들을 수없이 듣습니다. 그리고 실제로 그렇게 삽니다. 학교에서 온 힘을 다하고, 운동할 때도 가능한 한 최선을 다합니다. 직장에서는 더 높이 승진하기 위해 안간힘을 쓰고, 자녀 양육에도 모든 힘을 쏟아붓습니다. 최선을 다하고, 다하고, 다하는데도 여전히 무언가 부족한 느낌이 듭니다. 도대체 어떻게 해야 하는 것일까요?

우리는 모든 일을 "주님께 하듯" 해야 한다는 사실을 기억해야 합니다. 모두 주님을 위한 일입니다. 우리가 하는 일을 받으시는 분은 다름 아닌 주님이십니다. 이 사실을 알면, 모든 일이 완전히 새로운 방향에서 보입니다. 학교 공부도 주님께 하듯 하면 됩니다. 자녀 양육도 주님을 위해 합니다. 직장에서도 주님께 하듯 헌신하십시오.

하나님 아버지, 아무리 노력해도 충분하지 않다는 느낌이 우리를 지치게 합니다. 아무리 애써도 턱없이 부족하기만 합니다. 우리가 하는 일이 사람이 아닌 주님을 위한 일이라는 것을 다시 한 번 기억하게 해주셔서 감사합니다.

진정한 경배

**오라 우리가 굽혀 경배하며
우리를 지으신 여호와 앞에 무릎을 꿇자
시편 95:6**

"굽혀 경배한다"는 것은 어떤 의미입니까? 이 구절은 문자 그대로 구부리는 자세를 말하는 걸까요, 아니면 더 깊은 의미가 있는 걸까요? 무릎을 굽힌다는 것은 항복한다는 뜻입니다. 하나님께 무릎을 꿇는다는 것은 "제 뜻이 아닌 주님의 뜻대로 해주십시오."라고 말하는 것입니다. 진정한 경배의 마음은 이해되지 않을 때도 모든 영역에서 주님의 뜻 앞에 자신의 뜻을 포기하는 마음입니다. 문자 그대로 무릎을 꿇을 수도 있겠지만, 우리의 마음을 굽히고 우리의 생각을 굽힐 때 진정한 경배를 드릴 수 있습니다.

우리는 자신의 길을 찾으려 하기보다 더 좋고, 더 위대하고, 더 유익한 방법을 아시는 한 분을 찬양하고 경배해야 합니다. 겸손하게 무릎을 굽히는 행동이 초라한 모습으로 보일 수 있겠지만, 그것은 우리가 드릴 수 있는 가장 고귀한 경배의 모습입니다.

하나님 아버지, 오늘 주님 앞에 무릎을 굽힙니다! 우리의 삶에서 주님의 뜻이 이루어지길 원합니다. 우리의 마음과 생각을 내려놓고 주님께 나아갑니다. 우리가 더 고귀한 관점을 가진 사람들로 준비될 수 있도록 도와주소서. 주님의 뜻이 이루어지길 기도합니다.

듣는 귀

> 귀 있는 자는 성령이 교회들에게
> 하시는 말씀을 들을지어다
> **요한계시록 2:17**

성령님은 우리의 위로자이자 친구가 되어 주십니다. 그분은 우리 귀에 속삭이시며 우리가 나아갈 방향을 제시하고 인도하고 위안을 주십니다. 문제는 우리가 성령님이 말씀하시는 내용을 항상 들으려 하지 않는다는 것입니다. 주변 세상의 시끄러운 소리 때문에 우리 마음이 산만해집니다.

하나님은 우리가 "듣는 귀"를 갖기를 원하십니다. 그분은 진심으로 우리에게 주님을 "집중해서" 들으라고 말씀하십니다. 집중하면 말씀이 들립니다. 말씀을 기대하며 기다리게 되고, 말씀에 초점을 맞추게 됩니다. 다음에는 무엇을 말씀하실지, 또 무엇을 하실지 궁금해집니다. 지금 성령님이 말씀하고 계십니다. 집중해서 듣고 있습니까?

주님, 다정하고 소중한 성령님을 보내 주셔서 감사합니다. 우리에게 특별한 말씀이나 약간의 자극이 필요할 때면 늘 나지막이 속삭이는 작은 목소리가 있습니다. 주님, 주님이 우리에게 말씀하신다는 것이 정말 영광스럽습니다. 우리를 산만하게 하는 모든 것을 무시하고, 주님이 말씀하시는 것에 계속 집중할 수 있도록 도와주소서. 하나님 아버지, 지금 우리가 듣고 있습니다.

연합

**보라 형제가 연합하여 동거함이
어찌 그리 선하고 아름다운고 시편 133:1**

가족과 함께 사는 우리는 오늘의 말씀을 이렇게 다시 쓸 수 있습니다. "형제와 자매가 연합하여 함께 사는 것이 어찌 그리 선하고 아름다운가."

형제자매들이 늘 사이가 좋지는 않습니다. 말다툼이 몇 시간씩 계속되면서 가족 모두가 힘들 때도 있지요. 그런데 그 다툼을 가라앉힐 방법이 있습니다. 바로 "연합"입니다. 우리가 그저 우연히 같은 집에 살게 된 개개인이 아닌, 더 큰 팀의 일원이라 느끼며 가족 모두가 연합할 때, 우리는 같은 목표를 향해 노력하게 됩니다. 모두가 한마음으로 얻어진 결과를 원하게 되고, 자신만이 아닌 팀을 위한 최선을 구하게 됩니다.

오늘 우리 가족을 위해 할 수 있는 가장 좋은 기도는 바로 이것입니다. "주님, 우리를 하나 되게 해주십시오!" 그분은 당연히 그렇게 하실 것입니다. 그분은 하나 되게 하는 데 전문가이십니다.

하나님 아버지, 주님이 우리를 연합하게 해주시는 분이라니 너무나도 기쁩니다. 주님은 가장 특이하고 독특한 사람들조차 한 팀으로 묶어 주십니다. 오직 성령님만이 이 일을 하실 수 있습니다. 우리 가족을 크고 행복한 하나의 팀으로 바라봐 주시는 하나님 아버지, 정말 감사합니다. 우리가 서로 뭉치게 해주셔서 감사합니다.

최상의 시간

> 그런즉 너희가 어떻게 행할지를 자세히 주의하여
> 지혜 없는 자같이 하지 말고 오직 지혜 있는 자같이 하여
> 세월을 아끼라 때가 악하니라 그러므로 어리석은 자가 되지 말고
> 오직 주의 뜻이 무엇인가 이해하라 **에베소서 5:15-17**

우리는 모두 시간을 더욱 잘 관리하고 싶어 합니다. 시간을 잘 관리하는 한 가지 방법은 체온을 측정하는 것입니다. 날을 정해 매 2시간마다 체온을 재보십시오. 이론에 따르면, 불과 몇 도 차이라 하더라도 우리의 체온이 가장 높은 시간에 우리 상태도 최고조가 된다고 합니다. 일단 우리가 최고조에 이르는 시간을 알면, 그 시간을 중심으로 일정을 잡을 수 있습니다.

가정에서도 이 원리를 적용하면 아주 좋습니다. 물론 사람마다 최고조에 이르는 시간은 다를 것입니다. 그러나 가족의 상태를 알면 집안일 도표를 만드는 데 도움이 될 것입니다. 가족 모두 집안일을 잘할 수 있는 시간을 최대한 활용하면, 그 과정에서 모든 일이 잘 마무리될 것입니다.

우리를 창조하신 하나님 아버지, 우리가 언제 일을 가장 잘할 수 있는지, 아침인지, 낮인지, 한밤중인지 주님은 알고 계십니다. 우리에게 주어진 시간을 더욱 잘 관리하고 싶습니다. 주님, 주님의 나라를 위해 더 많은 것을 이룰 수 있도록 이 부분에서 우리를 도와주소서.

불공평한 삶

> 당신들은 나를 해하려 하였으나 하나님은 그것을
> 선으로 바꾸사 오늘과 같이 많은 백성의 생명을
> 구원하게 하시려 하셨나니 창세기 50:20

삶은 공평하지 않습니다. 우리는 먼저 그것을 인정해야 합니다. 선하게 사는 사람에게 나쁜 일이 일어나기도 합니다. 성경은 다른 사람들 때문에 곤경에 빠진 이들의 이야기로 가득합니다. 요셉만 떠올려도 그는 친형들에 의해 깊은 구덩이에 던져져 노예로 팔렸습니다!

세상에서 가장 불공평한 이야기는 우리 삶을 완전히 변화시킨 바로 그 이야기입니다. 죄가 하나도 없으신 예수 그리스도께서 우리를 대신해 십자가를 지신 것 말입니다. 공평한 일이라 생각되십니까? 아닙니다. 전혀 공평한 일이 아닙니다. 그러나 그분은 기꺼이 그렇게 하셨습니다.

삶에서 어떤 "불공평한" 순간을 견뎌 내면, 다른 한쪽에서 엄청난 결과를 가져올 때가 있습니다. 그러므로 불공평한 일이 벌어지면 이러쿵저러쿵하는 대신 가만히 하나님께 기도하십시오. 그러면 그분이 우리를 구하시고 주님의 영광을 위해 모든 상황을 바꾸실 것입니다.

주님, 주님은 우리의 죄를 담당하시고 십자가에서 수치를 당하셨습니다. 우리 삶에서 공평하지 않은 순간이 오더라도 그러한 주님의 은혜를 생각하며 견뎌 낼 수 있도록 우리를 가르쳐 주소서.

하나님이 주신 은사

**그러므로 내가 나의 안수함으로 네 속에 있는
하나님의 은사를 다시 불일듯 하게 하기 위하여
너로 생각하게 하노니 디모데후서 1:6**

하나님이 우리에게 은사를 주신 데는 이유가 있습니다. 바로 주님을 위해 쓰도록 주신 것이지요. 가정 안에서는 영적인 은사, 예술적인 은사, 공부하는 은사 등 다양한 은사가 서로 협력해 일할 때가 많습니다. 어떤 사람은 피아노를 잘 치고, 어떤 사람은 글을 능숙하게 씁니다. 말하는 데 재능이 있거나, 가르치는 일을 잘하는 사람도 있습니다. 이 모든 은사가 함께 일하면, 복음을 드러내는 데 큰 도움이 됩니다.

한 가지 기억할 것은 하나님은 우리의 은사를 다시 가져가지 않으신다는 사실입니다. 하나님은 우리가 앞으로도 그 은사들을 잘 사용하도록 계속해서 갈고 닦고 연습하길 원하십니다. "제가 전에는 찬양을 했었지요. 지금은 아니지만요."라고 말해도 소용없습니다. 다시 한 번 그 은사를 사용해 보면 어떻습니까? 우리가 부르는 노래를 사용해 하나님이 누군가의 마음에 직접 복음을 전하실지 모를 일입니다.

주님, 먼저 그동안 저에게 주신 예술적, 학습적, 영적인 은사들에 대해서 예전처럼 관심을 갖지 않았던 것을 주님 앞에 인정합니다. 오늘 저의 모든 은사를 주님의 발 앞에 내려놓으며 주님께 예물로 드립니다. 제 은사를 주님의 영광을 위해 어떻게 사용해야 할지 가르쳐 주소서.

세상의 것

**이 세상이나 세상에 있는 것들을 사랑하지 말라
누구든지 세상을 사랑하면 아버지의 사랑이 그 안에 있지 아니하니
요한일서 2:15**

우리 집에는 "물건"이 가득합니다. 필요한 물건도 있지만, 그렇지 않은 것도 많습니다. 우리는 지나치게 많이 쌓아 두고 삽니다. 너무 많아서 물건을 뛰어넘어 다녀야 하거나, 몸을 돌릴 수 없을 지경입니다. 그러면서도 가지면 가질수록 더 원하게 되지요.

우리는 물건을 사고 또 사라는 광고의 영향을 받습니다. 이 모든 물건에 대해 우리는 항상 조심해야 합니다. 주님을 갈망하는 마음보다 그것을 더 원하기 시작하면, 우리 삶은 균형에서 벗어나고 맙니다. 세상의 온갖 요긴한 전자 제품도 주님과 친밀하게 보내는 그 순간을 따라올 수 없습니다. 마음을 지키십시오. 어쩌면 집에 있는 물건 중 몇몇은 바자회에서 팔아야 할지도 모릅니다. 그러면 모든 좋은 것을 주시는 주님께 무릎 꿇어 경배드릴 공간이 생길 것입니다.

하나님 아버지, 우리에게 정말 필요한 것을 주시는 분은 주님이라는 것을 기억하게 해주셔서 감사합니다. 우리에게 필요한 분은 주님이십니다. 물건은 충분합니다. 하나님 아버지와의 관계에 집중할 수 있도록 도와주소서.

맡긴다는 것

**네 길을 여호와께 맡기라 그를 의지하면 그가 이루시고
시편 37:5**

어려움 속에서도 끈기 있게 자리를 지키는 사람은 많지 않습니다. 어떤 일을 시도했다가 실패하면 재빨리 그만두고 다른 일을 시작하는 경우가 더 많지요. 이런 태도에는 문제가 있습니다. 우리는 하나님이 우리를 위해 일하시는 것을 깨닫기까지 끈기 있게 기다리지 않기에 종종 하나님이 주시는 가장 좋은 것을 놓치고는 합니다.

우리는 이 일에서 저 일로, 이 교회에서 저 교회로, 이 관계에서 다른 관계로 튕기고, 튕기고, 튕겨 다니고 싶어 합니다. 그러나 맡긴다는 것은 어떤 일이 일어나기까지 신실한 마음으로 기다린다는 뜻입니다. 하나님을 신뢰하는 데 있어서는 더욱 그렇습니다. 주님이 일하지 않으실 것 같아도 끝까지 주님 곁에 꼭 붙어 계십시오. 주님이 하실 것입니다. 주님 곁에 있지 않는다면, 그분이 움직이시는 장면을 놓칠지도 모릅니다. 그러므로 계속 주님께 맡기십시오. 끝까지 포기하지 마십시오!

주님, 우리 가족 모두가 주님께 맡기는 삶을 살기 원합니다. 하나님 아버지, 시간이 얼마나 걸리든 끝까지 견디며 포기하지 않겠습니다. 주님을 신뢰합니다. 우리를 위해 모든 것을 이루실 그때를 계속 기다리며 지켜보겠습니다.

느리게 말하기

**내 사랑하는 형제들아 너희가 알지니
사람마다 듣기는 속히 하고 말하기는 더디 하며 성내기도 더디 하라
사람이 성내는 것이 하나님의 의를 이루지 못함이라
야고보서 1:19-20**

　동영상 속도를 느리게 설정해서 본 적이 있나요? 정말 재미있습니다. 속도를 늦추면 모든 장면이 더 자세히 보입니다. 말할 때의 입 모양, 달릴 때 다리가 움직이는 형태 같은 것이 더 과장되고 재미있게 표현됩니다.

　우리가 무언가를 장황하게 설명하려고 입을 열기 직전에 천천히 늦출 수 있는 방법을 안다면 얼마나 좋을까요? 말하기 전에 일시 정지 버튼을 눌러서 생각하고, 생각하고, 생각한 후에 말할 수 있게 된다면 말입니다. 말 그대로의 일시 정지 버튼은 아니지만, 우리가 성령님께 자리를 내드린다면 성령님이 우리를 위해 그 일을 하실 것입니다. 앞으로 어딘가에 즉시 반응하려 할 때가 온다면 잠시 멈추고, 하나님의 영이 그분의 방식대로 일하시도록 맡겨 드리십시오.

　주님, 우리는 너무나 급하게 말하고, 결국 나중에 후회를 하곤 합니다. 우리의 속도를 늦춰 주시는 하나님 아버지, 감사합니다. 우리의 입과 마음을 지켜 주셔서 말하기 전에 생각할 수 있게 해주소서.

가족이라는 보호막

이르되 네가 누구냐 하니 대답하되 나는 당신의 여종 룻이오니
당신의 옷자락을 펴 당신의 여종을 덮으소서
이는 당신이 기업을 무를 자가 됨이니이다 하니
룻기 3:9

룻의 이야기는 참 아름답습니다. 그러나 한편으로는 삶의 "보호막"이 하나도 없는 한 젊은 여성의 모진 이야기이기도 합니다. 룻에게는 시어머니인 나오미 외에 가족이라고는 한 사람도 없었습니다. 낯선 사람들뿐인 그 생소한 땅에서 그녀는 보아스라는 남자를 만나게 됩니다. 나오미의 먼 친척이기도 한 그는 말 그대로 룻을 "덮어"(보호해) 주며 가족의 일원으로 삼았습니다.

오늘 사랑하는 사람들과 함께 모인 우리는 어쩌면 가족이 없는 이들, 이야기를 나눌 누군가가 필요한 외로운 사람들을 품기 위해 우리 가족의 이불을 넓게 펼쳐야 할지도 모릅니다. 그런 행동을 통해 우리 가족은 완전히 새로운 단위의 가족들을 받아들이며 현재보다 지경을 훨씬 더 넓히며 성장하게 될 것입니다.

주님, 가족이 필요한 사람들이 있다는 것을 잘 알고 있습니다. 연세 드신 어른들이나 젊은이들 모두 우리가 보살필 수 있는 사람들입니다. 언제 어떤 방법으로 그들에게 우리 가족의 담요를 펼쳐 그들을 이끌어 주고 감싸 줄 수 있을지 주님이 가르쳐 주소서.

오늘에 집중하기

**그러므로 내일 일을 위하여 염려하지 말라
내일 일은 내일이 염려할 것이요 한 날의 괴로움은
그 날로 족하니라 마태복음 6:34**

어떤 사람은 미래를 두려워합니다. 앞으로 일어날 일에 대해 지레 겁을 먹습니다. 그 일이 닥치기도 전에 걱정을 합니다. 반면 어떤 사람은 현실에 실망한 나머지 온통 미래에만 관심을 쏟습니다. 현재가 행복하지 않아 더 나은 날이 다가오기만을 꿈꿉니다. 더 행복한 내일을 바라는 것이 잘못은 아니지만, 우리는 지금 이 순간 바로 이곳에서 하나님이 하시는 일을 놓쳐서는 안 됩니다.

그분은 우리가 볼 수도 없고 이해할 수도 없는 방식으로 일하고 계십니다. 우리가 지나간 일에 너무 정신을 팔면, 그분과 함께하는 놀라운 순간들을 놓칠 수 있습니다. 미래를 두려워해서도 안 됩니다. 주님이 우리 삶의 모든 시간, 과거와 현재와 미래를 그분의 손안에 붙들고 계심을 신뢰해야 합니다.

주님, 우리가 사는 날 동안 주님을 의지하겠습니다. 오늘의 삶이 그리 호락호락하지는 않겠지요. 내일에 대한 걱정도 있을 것입니다. 그러나 주님은 신실한 분이심을 알기에, 하나님 아버지를 꼭 붙들겠습니다. 우리를 받아 주셔서 정말 감사합니다.

식탁 교제

> 때가 이르매 예수께서 사도들과 함께 앉으사 이르시되
> 내가 고난을 받기 전에 너희와 함께 이 유월절 먹기를 원하고
> 원하였노라 내가 너희에게 이르노니 이 유월절이 하나님의 나라에서
> 이루기까지 다시 먹지 아니하리라 하시고 **누가복음 22:14-16**

예수님은 제자들을 지극히 사랑하셨습니다. 예수님이 그들과 함께 보내신 시간 중 가장 기억에 남는 순간은 십자가에 못 박히시기 전날 밤이었습니다. 예수님은 그 밤을 함께 보내기 위해 제자들을 모으고 식탁에 둘러앉아 마음을 나누셨습니다. 바로 "최후의 만찬"이라 불리는 그 시간입니다.

예수님은 지금 우리에게도 그와 같이 하십니다. 우리가 함께 식탁에 둘러앉는 것은 단순히 준비된 음식을 먹기 위해서가 아닙니다. 우리의 마음을 나누기 위함입니다. 잠시나마 가족으로서 서로 연합하는 시간을 갖기 위해서입니다. 우리가 원한다면 우리 집 식탁에서도 심오한 일이 일어날 수 있습니다. 예수님을 우리 집 식탁으로 초청하면, 그분은 그 순간 우리와 함께 계실 것입니다. 아주 오래전 그 거룩한 밤에 그러셨듯 말입니다.

> 주님, 우리를 식탁으로 불러 모아 주셔서 감사합니다. 온 가족이 함께 시간을 보낼 수 있다는 것에 큰 감사를 드립니다. 식사 시간 가운데 주님이 우리와 함께하셔서서 매 끼니가 거룩한 식사 시간이 되었습니다. 진정한 식탁 교제를 알려 주셔서 감사합니다!

쓸데없는 걱정

**너희 중에 누가 염려함으로
그 키를 한 자라도 더할 수 있겠느냐
마태복음 6:27**

우리는 종종 지나친 걱정에 휩싸입니다. 특히 가족이 함께 살다 보면, 다 같이 힘을 합해 걱정하기 시작합니다. 누군가 "만일…… 그러면 어쩌지?"라고 질문하면, 머지않아 모든 가족이 걱정에 빠져듭니다. "월급이 안 오르면 어쩌지?" "집이 없어지면 어쩌지?" "이 병이 생각보다 심각한 것이면 어쩌지?"

우리가 하는 걱정들은 마치 누룩이 가득한 빵처럼 계속 부풀어 오릅니다. 그러나 그렇게 마음을 졸이는 일들은 대부분 실제로 일어나지 않습니다. 염려하던 일이 일어나든, 일어나지 않든 간에 걱정하는 마음은 문제 해결에 절대 도움이 되지 않습니다. 오히려 더 나쁘게 만들 뿐입니다. 그러니 걱정하지 마십시오! 그저 모든 염려를 주님의 손에 맡겨 드립시다. 주님이 돌보십니다.

주님, 우리는 일어나지도 않은 일을 걱정하느라 많은 시간을 낭비해 왔습니다. 염려로 우리 삶에 아무것도 더할 수 없다는 것을 분명히 알았습니다. 이제 걱정 근심을 내려놓고 주님을 신뢰할 수 있도록 도와주소서. 오늘부터 그렇게 하겠습니다. 하지만 주님의 도우심이 반드시 필요합니다.

힘들 때

**의인이 부르짖으매 여호와께서 들으시고
그들의 모든 환난에서 건지셨도다
시편 34:17**

문을 닫고 방에 들어가서 한참을 목 놓아 울어 본 적이 있습니까? 가끔은 그렇게 감정을 쏟아 내야 할 때가 있습니다. 식구가 많은 집에서는 쉽지 않은 일이지만, 마음을 푸는 데 가장 좋은 방법입니다. 아무도 듣고 있지 않을 때도 하나님은 우리의 울부짖음을 듣고 계십니다. 그분은 우리의 눈물을 보실 뿐 아니라, 왜 눈물을 흘리는지 가슴속 진짜 울음소리까지 들으십니다.

그게 끝이 아닙니다. 하나님은 우리 마음의 부르짖음을 들으시고, 모든 문제에서 우리를 구하기 위해 곧장 일을 시작하십니다. 이 얼마나 놀라운 약속입니까! 하나님께 부르짖는 것을 두려워하지 마십시오. 그분은 우리의 고통을 덜어 주실 뿐 아니라, 문제에 대한 해결책을 이미 갖고 계십니다.

주님이 우리의 부르짖는 소리를 들어 주신다니 너무나 기쁩니다. 우리가 느끼는 감정 그대로를 가지고 하나님 아버지를 신뢰하면 된다는 것을 알았습니다. 우리를 괴롭히는 모든 문제의 해답이 이미 주님께 있다는 것도 알았습니다. 우리의 눈물을 닦아 주시고 우리를 대신하여 일하시는 주님의 돌보심에 감사드립니다.

인내

**시험을 참는 자는 복이 있나니 이는 시련을 견디어 낸 자가
주께서 자기를 사랑하는 자들에게 약속하신
생명의 면류관을 얻을 것이기 때문이라**
야고보서 1:12

다 그만두고 아무것도 하고 싶지 않을 때 어떻게 그 일을 계속할 수 있을까요? 이불을 뒤집어쓰고 더 자고 싶은 아침에 어떻게 하면 침대 밖으로 나올 수 있을까요? 계속 반복되는 시련에도 날마다 쉬지 않고 앞으로 나아가려면 어떻게 해야 할까요?

이 모든 물음에는 오직 한 가지 대답이 있습니다. 바로 "인내"입니다. 인내란 앞으로 나아가는 것이 불가능해 보일 때조차 계속 앞을 향해 움직이는 것입니다. 그러면 어떻게 인내할 수 있습니까? 이것은 오직 성령의 능력으로만 가능한 일입니다. 우리 스스로는 절대 할 수 없는 일을 하나님이 우리를 통해 이루십니다.

우리가 끝까지 인내하고 견디면 놀라운 상을 받을 것입니다. 포기하지 않는다면 마침내 결승선에 다다를 것입니다. 오늘 마음을 새롭게 정하십시오. 중간에 그만두지 마십시오. 침대를 박차고 나와 발걸음을 내딛어 보십시오. 말도 안 되는 상황이라 해도 계속 나아가십시오. 참고 견뎌야 합니다.

하나님 아버지, 모든 것을 그만두고 포기하고 싶을 때가 있습니다. 주님이 나를 불러 주시며 계속 나아가라 하셨고, 제가 그 길을 선택했음을 압니다. 그러나 주님, 너무 힘이 듭니다. 주님이 도와주소서.

빛을 비추기

이같이 너희 빛이 사람 앞에 비치게 하여 그들로
너희 착한 행실을 보고 하늘에 계신
너희 아버지께 영광을 돌리게 하라
마태복음 5:16

사람들의 주목을 즐기는 사람이 있는가 하면, 그렇지 않은 사람이 있습니다. 한 가족 안에서도 두 가지 성향이 모두 나타납니다. 한 가지 확실한 것은, 우리가 예수님의 빛을 비추기로 결단했다면, 그것은 우리를 지켜보는 세상 한가운데에 나를 세워 놓은 것이라는 사실입니다. 사람들이 우리를 지켜보고 있습니다.

예수님의 빛을 비춘다는 것은 무엇일까요? 다른 사람들을 사랑하고, 친절하게 대하며, 불우한 사람들을 돌봄으로써 그분의 빛을 비추는 것입니다. 이런 행동들을 통해 그분의 빛이 더욱 밝게 빛납니다. 주목받기 위해서도 아니고 억지로 하는 것도 아니지만, 사람들은 하나님의 빛이 우리를 통해 비추는 것을 분명히 보게 됩니다. 그들은 그 빛을 보고 하나님께로 이끌릴 것이며, 머지않아 그들의 빛 또한 밝게 빛날 것입니다.

하나님 아버지, 주님의 빛을 비추는 삶이 너무나 행복합니다. 우리 자신이 주목 받으려고 애쓰는 것이 아니라, 다른 사람들이 주님의 위대한 사랑을 깨닫고 그 기쁨을 함께 나누게 되길 원합니다. 주님을 위해 살 수 있는 놀라운 특권을 주셔서 감사합니다.

천국의 접착제

**또한 그가 만물보다 먼저 계시고
만물이 그 안에 함께 섰느니라 골로새서 1:17**

가정에서 일어나는 문제가 잘 해결되지 않아 화가 난 적이 있습니까? 큰 실패가 연이어 찾아오는데 내가 할 수 있는 일이 하나도 없어 괴로우십니까? 그렇다면 오늘의 말씀이 큰 위안을 줄 것입니다.

하나님은 우리에게 천국의 접착제가 되어 주십니다. 하나님은 깨어진 조각들을 모아 하나가 되게 하는 분이십니다. 지금 자신이나 가족에게 무슨 일이 일이 닥쳤든 하나님이 그 해답이 되십니다. 하나님은 깨어진 상황을 다시 붙이는 접착제 같은 분이십니다. 사실 그분은 이 세상이 시작될 때부터 회복 사역을 하셨습니다. 나라와 민족, 상황, 모든 만물이 그분 안에 존재함으로 함께 유지됩니다.

전능하신 우리 하나님이 손가락 하나만 움직이시면, 우리가 직면하는 모든 문제가 바로잡힐 것입니다. 그분을 신뢰하며, 깨어진 것들을 그분이 다시 제자리로 돌리시는 모습을 지켜보십시오.

지금도 만물을 회복시키고 계신 주님, 정말 감사합니다. 우리 삶과 가정, 우리 교회에는 깨어진 영역이 너무나 많습니다. 주님의 나지막한 목소리로 모든 것이 회복될 수 있음을 믿습니다. 우리 삶에 간섭하여 주시고, 주님의 뜻을 이루어 주소서.

믿음의 경주

> 이러므로 우리에게 구름같이 둘러싼 허다한 증인들이 있으니
> 모든 무거운 것과 얽매이기 쉬운 죄를 벗어 버리고
> 인내로써 우리 앞에 당한 경주를 하며 믿음의 주요
> 또 온전하게 하시는 이인 예수를 바라보자 **히브리서 12:1-2**

무거운 짐이 가득 찬 배낭을 메고 경주를 뛰느라 애쓰는 모습을 상상해 보십시오. 짐 때문에 속도가 느려지거나, 몸에 통증이 올 것입니다. 인생은 경주입니다. 그런데 우리는 종종 용서하지 않는 마음, 죄책감, 고통처럼 필요 없는 짐을 짊어지고 달립니다. 이런 짐들을 치우면 속도가 빨라지고 호흡이 안정되어 결승선을 향해 더 빨리 달릴 수 있는데도 말입니다.

하나님이 우리에게 주신 인생은 이렇게 불필요한 짐을 지고 달리는 삶이 아닙니다. 주님은 우리가 모든 짐을 그분께 맡기고 자유롭게 날아오르기를 원하십니다. 이제 우리의 시선을 고정해 하나님만 바라보며, 모든 짐을 맡기고 결승선을 향해 곧바로 달려 나갑시다!

주님, 때로 우리는 너무나 많은 짐을 지고 달려가려 했음을 고백합니다. 오늘, 우리를 맥 빠지게 하며 얽매고 있던 것들을 모두 내려놓기로 결심합니다. 하나님 아버지의 품으로 곧장 달려가 안기고 싶습니다. 주님, 모든 속박에서 우리를 자유롭게 하소서.

순종

너희가 나를 사랑하면 나의 계명을 지키리라
요한복음 14:15

오늘의 말씀을 보고는 얼른 다음 페이지로 넘어가고 싶은 유혹이 들 것입니다. 우리는 사랑과 순종이 함께 연결되어 있다는 사실에 별로 신경을 쓰지 않습니다. 그러나 사랑과 순종은 서로 밀접한 관계가 있습니다. 아이가 부모를 사랑하면 순종하게 됩니다. 하나님의 자녀인 우리도 마찬가지입니다. 우리의 사랑을 증명하는 방법은 그분의 계명을 지키는 것입니다.

그렇다면 어떤 계명을 지켜야 할까요? "그러므로 무엇이든지 남에게 대접을 받고자 하는 대로 너희도 남을 대접하라"(마 7:12), "너는 범사에 그를 인정하라 그리하면 네 길을 지도하시리라"(잠 3:6)와 같은 말씀을 따르면 됩니다.

이렇게 설명해 봅시다. 누군가를 사랑하는 사람은 자연스레 그에게 순종하게 됩니다. 어떤 희생이나 봉사를 목적으로 해서가 아니라, 사랑하는 마음에서 우러나오는 진실한 반응입니다. 누군가를 사랑하면 마음 깊은 곳에서부터 진정으로 그 사람을 기쁘게 하고 잘 대해 주고자 노력하기 마련입니다.

하나님 아버지, 주님을 기쁘시게 하고 싶습니다. 아버지를 너무나 사랑하기 때문입니다. 주님, 우리 마음속의 깊고 변함없는 사랑에서 주님께 순종하는 행동이 자연스레 흘러나오게 하소서. 주님이 주신 계명들은 결코 짐이 아닌 우리의 기쁨입니다.

걸림돌이 되지 말라

**우리가 이 직분이 비방을 받지 않게 하려고
무엇에든지 아무에게도 거리끼지 않게 하고**
고린도후서 6:3

자동차를 몰고 도로를 달리는데 갑자기 자동차 범퍼가 나타나 길을 막습니다. 재빨리 피해 보려 하지만, 옆 차선 차와 충돌하게 될 것 같아 그럴 수도 없습니다. 할 수 없이 어딘가에 부딪혀야 하는데, 그렇게 되면 앞바퀴가 펑크 나고 도로를 이탈해 갓길로 빠질 것입니다.

우리가 삶에서 만나는 걸림돌이 바로 그 자동차 범퍼와 같습니다. 난데없이 나타나는데다 피하지 못하면 심각한 피해를 입게 됩니다. 주님이 우리에게 걸림돌이 되지 말라고 그토록 단호하게 말씀하신 이유가 여기에 있습니다.

우리가 하는 모든 일은 사람들이 자신의 목적지를 향해 잘 가도록 돕는 역할이어야 합니다. 그들을 다치게 해서는 안 됩니다. 지금 섬기고 있는 사람들을 한번 자세히 살펴보십시오. 내가 그들에게 순전하고 거룩한 말을 하고 있는지, 혹시 그들에게 걸림돌이 되는 말을 하는 건 아닌지 확인해 보십시오. 신중하게 처신해야 합니다.

주님, 다른 사람들에게 걸림돌이 되고 싶지 않습니다. 우리가 맡은 사역이 다른 이들을 해치는 것이 아니라, 그들에게 유익을 끼칠 수 있기를 원합니다. 다른 사람들을 이끌어 갈 때 아버지께서 도와주소서. 모든 과정에서 그들에게 상처를 주지 않고, 하나님 앞으로 인도할 수 있도록 도와주소서.

우리의 초점

**이제 내가 사람들에게 좋게 하랴 하나님께 좋게 하랴
사람들에게 기쁨을 구하랴 내가 지금까지
사람들의 기쁨을 구하였다면 그리스도의 종이 아니니라
갈라디아서 1:10**

야구장에 있는 한 소년을 떠올려 보십시오. 오늘은 그 아이가 공을 던지는 첫 경기입니다. 그런데 소년이 던진 공이 갑자기 엉뚱한 방향으로 날아갑니다. 소년은 공을 보는 대신 아빠가 앉은 관중석을 힐끗 쳐다봅니다. 아마도 경기를 망쳐서 아빠가 화가 났을까 봐 걱정하는 것 같습니다. 조금 우스꽝스러워 보이는 예지만, 우리도 항상 그렇게 행동하는 건 아닐까요?

우리는 다른 사람이 어떻게 생각하는지에 온통 관심을 집중합니다. 괜한 걱정입니다! 오히려 우리는 하나님이 어떻게 생각하시는지에 늘 초점을 맞추어야 합니다. 사람을 만족하게 하는 데 신경을 쓰다 보면, 매번 마음이 산만할 것입니다. 주님은 우리가 사람이 아닌 그분을 기쁘시게 하는 데 집중하기를 간절히 원하십니다. 더구나 사람은 절대로 만족하게 할 수 있는 대상이 아닙니다. 설령 누군가의 인정을 받는다 해도 잠시뿐입니다. 사람의 마음은 결국 변하기 때문입니다.

주님, 우리는 사람을 만족하게 하려는 마음이 어떤 것인지 알고 있습니다. 그럴 필요도 없고 우리에게 유익한 일도 아니지만, 지금까지 사람들에게 인정받으려고 노력해 왔습니다. 하지만 오늘, 하나님 아버지 한 분만을 구하겠습니다. 처음부터 우리를 지극히 사랑하시는 하나님 아버지께 경배를 올려 드립니다.

그분의 능력

여호와를 바라는 너희들아 강하고 담대하라
시편 31:24

다른 사람에게 "강하고 담대하라."라고 말하는 것은 그리 어려운 일이 아닙니다. 그러나 자신의 상황에 적용하려면 좀 더 힘이 듭니다. 재정적인 어려움을 만날 때 우리는 스스로 "강하고 담대하라!"라고 말해야 합니다. 관계에 어려움이 생길 때도 이 말을 되뇌면 좋습니다. 모든 일이 걷잡을 수 없이 무너지며, 이해가 되지 않는 상황에서도 우리가 해야 할 유일한 말은 "강하고 담대하라!"입니다.

좋은 소식은 우리가 다른 어떤 곳에서 힘을 끌어모을 필요가 없다는 것입니다. 실제로는 아닌데 용감한 척할 필요도 없습니다. 우리는 그저 하나님을 신뢰하면 됩니다. 그러면 그분의 능력이 우리를 통해 발휘될 것입니다. 그 능력은 우리의 것이 절대 아닙니다. 우리는 단지 그분의 능력이 흐르는 통로일 뿐입니다. 오늘 마음을 열고 강하고 담대해질 준비를 해보십시오.

주님, 주님의 능력이 우리를 통해 흘러가게 하시니 정말 감사합니다. 우리 힘으로는 절대로 그런 용기를 낼 수 없었습니다. 하나님 아버지, 수많은 도전 앞에 있는 우리에게 용기를 주시고, 필요한 모든 도움을 허락해 주셔서 감사합니다.

하나님의 가족

**보라 아버지께서 어떠한 사랑을 우리에게 베푸사
하나님의 자녀라 일컬음을 받게 하셨는가, 우리가 그러하도다
요한일서 3:1**

하나님은 우리를 그분의 자녀로 불러 주셨습니다. 하나님은 너무나 다정한 아버지이십니다. 예를 들어, 어떤 가정에서 아이를 입양하기로 했습니다. 조금 나이도 많고, 어렵게 자라 안전한 가정 환경을 한 번도 경험해 보지 못한 아이입니다. 그 아이가 처음 오는 날 양부모님은 이렇게 말합니다. "이제 우리를 엄마, 아빠라고 부르렴. 너는 이제 우리 집 자녀란다."

살면서 단 한 번도 소속감을 느껴 보지 못한 사람에게 그것은 어떤 느낌일까요? 한 가족이 되어 그 집으로 들어간다는 것은 다른 가족이 누리는 모든 혜택을 똑같이 누리게 된다는 뜻입니다. 가족들은 그에게 사랑을 쏟아 줍니다. 이제 그는 그 집에 소속되었습니다. 하나님의 가족이 된다는 것은 바로 이런 것입니다. 우리는 더 큰 가정의 한 부분이 되었습니다. 나도 "그 가족" 중 하나입니다. 이제 그 가정에 정착해 자녀 중 한 사람이 될 준비를 해 보십시오!

하나님 아버지, 우리는 주님의 자녀입니다. 나이가 많든지 적든지 상관없이, 우리는 여전히 주님의 자녀입니다. 우리를 입양해 주시고 주님의 가족으로 불러 주셔서 감사합니다. 이제 우리가 속할 수 있는 자리를 찾았습니다. 진심으로 감사드립니다.

복 있는 우리

> 이러한 백성은 복이 있나니 여호와를
> 자기 하나님으로 삼는 백성은 복이 있도다
> **시편 144:15**

"복이 있다"는 말은 무슨 뜻일까요? 다른 사람은 받지 못하는 특별한 호의를 받는다는 뜻일까요? 나만이 우리 집에서 제일 특별한 자녀이고, 다른 자녀들은 무시한다는 뜻일까요? 단순히 말해 복을 받는다는 것은 하나님이 가진 모든 것을 우리에게 쏟아 주신다는 뜻입니다. 마치 1년 365일이 모두 크리스마스인 것처럼 끝도 없는 복이 쏟아지는 것입니다.

하나님은 기다렸다가 복을 주시는 분이 아닙니다. 그분은 "네가 원하는 만큼 충분한 복을 주겠지만, 그다음에는 주지 않을 거야."라고 말씀하지 않으십니다. 그분은 우리에게 아낌없이 베푸십니다. 아마도 할머니, 할아버지시라면 아낌없이 베푼다는 말의 의미를 아시겠지요? 자기 자신도 어쩔 수 없는 그 마음 말입니다. 하나님의 자녀들은 사랑이 넘치는 하나님 아버지에게서 "우리가 상상하는 것보다 훨씬 더 많은" 복을 받습니다. 그 모든 일에 대한 이유는 단 하나, 그분이 자녀들을 사랑하시기 때문입니다.

주님, 주님께 사랑을 받아서 너무나 좋습니다. 오늘은 하던 일을 멈추고 주님께 감사를 드리고 싶습니다. 특별히 우리에게 쏟아부어 주신 복들을 떠올리며 감사드리고 싶습니다. 복 받을 일을 한 적이 없는데도 우리를 너무나 귀히 여기시고 복을 주시는 주님께 감사와 찬양을 올려 드립니다.

진정한 아름다움

> 너희의 단장은 머리를 꾸미고 금을 차고 아름다운 옷을 입는
> 외모로 하지 말고 오직 마음에 숨은 사람을 온유하고 안정한 심령의
> 썩지 아니할 것으로 하라 이는 하나님 앞에 값진 것이니라
> **베드로전서 3:3-4**

많은 사람이 거울과 애증의 관계에 있습니다. 거울에 비친 자기 모습이 좋아 보일 때는 거울을 사랑하지만, 자기 모습이 마음에 들지 않는 날에는 싫어집니다. 그러나 우리는 거울에 비친 모습 너머에 있는 정말 중요한 것, 즉 사람의 내면을 볼 수 있어야 합니다.

아름다움은 눈에 보이는 것보다 훨씬 더 깊은 곳에 있습니다. 진정으로 아름다운 사람에게는 온유하고 평온한 심령이 있습니다. 화장이나 보석으로 화려하게 치장한다 해도, 다른 사람에게 쉽게 상처를 주는 고약한 사람이 아름다울 수는 없습니다. 반면 신체적 약점이 아무리 크더라도, 다정하고 온화한 사람을 추하게 만들지는 못합니다. 아름다움, 그것은 사람의 내면에 무엇이 있는지에 따라 결정됩니다.

주님, 내면에서 우러나오는 아름다움을 가져야 한다는 것을 다시 기억나게 해주셔서 감사합니다. 사람들이 우리를 바라볼 때, 우리를 통해 빛나는 주님의 사랑을 보게 되기를 원합니다.

진정한 성공

**오직 강하고 극히 담대하여 나의 종 모세가 네게 명령한
그 율법을 다 지켜 행하고 우로나 좌로나 치우치지 말라
그리하면 어디로 가든지 형통하리니**
여호수아 1:7

성경 말씀은 하나님이 우리에게 주신 거룩한 삶의 지침입니다. 말씀을 읽고 순종하기로 했다면, 자신을 말씀의 범위 안에 두기로 선택한 것입니다. 말씀이 제시하는 경계들은 우리를 통제하기 위한 것이 아닙니다. 사실은 우리에게 자유를 주려는 것입니다. 우리가 마음을 새롭게 하여 좌로나 우로나 치우치지 않고, 또 말씀을 우리 생각에 끼워 맞춰 왜곡하지 않는다면, 우리는 하나님의 충만함 속에 살며 진정한 자유를 누릴 것입니다.

그런데 주님은 왜 우리가 그분의 율법을 따라 살기를 그토록 간절히 바라실까요? 율법대로 사는 삶이 진정한 성공이기 때문입니다. 우리가 성경적인 길을 걸어간다면, 어디로 가든 형통할 것입니다. 이것이 오늘의 말씀을 통해 배울 수 있는 교훈입니다. 얼마나 놀라운 복인지요!

 주님, 저와 우리 가족의 삶을 지켜 주소서. 우리가 곧고 좁은 길을 계속 걸어갈 수 있도록 도와주소서.

본이 되는 삶

**누구든지 네 연소함을 업신여기지 못하게 하고
오직 말과 행실과 사랑과 믿음과 정절에 있어서 믿는 자에게 본이 되어
디모데전서 4:12**

하나님은 사람을 공평하게 대하십니다. 어느 누구를 다른 사람보다 가치 있게 여기지 않으십니다. 나이로 사람을 재단하지도 않으십니다. 사실 주님은 청년들을 귀하게 여기시며 그들에게 지대한 관심을 쏟으십니다. 그들이 당당하게 가슴을 펴고, 자신의 삶을 통해 다른 사람에게 본이 되도록 용기를 주십니다.

다른 이에게 본이 되려면 어떻게 해야 할까요? 먼저 "말"을 통해 본이 될 수 있습니다. 말을 어떻게 하느냐에 따라 다른 사람을 세우거나 무너뜨릴 수 있습니다. 두 번째는 "사랑"을 통해서입니다. 모든 사람, 심지어 가장 사랑하기 어려운 이에게도 하나님의 사랑을 나눔으로써 다른 사람에게 본이 될 수 있습니다. 세 번째는 도저히 불가능해 보이는 상황에서 하나님을 신뢰하는 "믿음"을 통해서입니다. 마지막으로는 생각과 행동을 순결하게 지키는 "정절"을 통해서입니다. 청년들은 이 모든 방법으로 본이 되어 다른 이들을 인도할 수 있습니다. 따르는 사람들은 또 다른 본이 되어 다음 세대를 이끌어 갈 것입니다.

주님, 젊은이들이 업신여김을 당하지 않길 바라시는 주님의 마음을 알고 나니 너무나 기쁩니다. 주님은 누구도 차별하지 않는 분이십니다. 모든 사람은 존귀하며, 누구나 좋은 본이 되어서 다른 사람들을 인도할 수 있습니다. 주님의 자녀들이 그렇게 놀라운 일을 할 수 있도록 믿어 주셔서 감사합니다.

기본 예의

> 아무도 비방하지 말며 다투지 말며 관용하며
> 범사에 온유함을 모든 사람에게 나타낼 것을 기억하게 하라
> **디도서 3:2**

요즘은 "기본 예의"라는 말을 듣기 어렵습니다. "기본"은 특별히 부탁하지 않아도 당연히 해야 하는 것으로, 매우 자연스럽게 나오는 행동입니다. "예의"란 사람으로서 당연히 누려야 하는 존경심으로 그들을 존중하는 것입니다. 우리는 모두 하나님의 자녀입니다. 그가 어떤 특별한 지위를 가져서가 아니라, 단지 한 가족이기 때문에 그렇게 대해야 합니다.

가족 간에 다툼이 일어나면 어떻게 해야 할까요? 우선, 문제를 인정한 후 대처해야 합니다. 누구도 문제를 인정하지 않은 채 슬쩍 지나가면 일이 더욱 악화합니다. 다툼과 갈등이 끝나면 상대방을 이해할 수 있는 관대한 마음이 찾아옵니다. 물결이 잔잔해지면 비로소 합리적으로 생각할 여유가 생깁니다. 합리적인 사고가 가능해지면 예의를 지킬 수 있을 것입니다. 그러므로 가정의 화목을 원한다면 먼저 문제를 인정하십시오. 그리고 다른 모든 것이 제자리를 찾아가는 모습을 지켜보십시오.

주님, 우리 가족이 종종 다투게 됨을 인정합니다. 가끔은 아이들끼리의 싸움이 감당할 수 없을 만큼 커질 때도 있습니다. 주님께 간구하오니 가족 간의 다툼을 해결하는 방법을 알려 주소서. 나이에 관계없이 모든 사람이 존중받고, 기본적인 예의를 갖추는 우리가 되게 하소서.

훈계를 들으라

**아들들아 이제 내게 들으라 내 도를 지키는 자가 복이 있느니라
훈계를 들어서 지혜를 얻으라 그것을 버리지 말라 잠언 8:32-33**

누군가의 가르침에 귀 기울이는 것은 어려운 일입니다. 그렇게 생각하지 않는다면, 최근에 비행기를 탔던 기억을 한번 떠올려 보십시오. 승무원이 정해진 비행 안전 수칙 안내를 시작했을 때, 분명 멍하니 딴생각을 했을 것입니다. 우리가 확인하고 점검해야 할 규칙을 잘 듣는 것은 매우 중요한 일입니다. 하지만 우리는 하나님의 말씀에 관해서도 제대로 듣지 못합니다.

하나님은 우리 삶을 변화시킬 수 있는 구체적인 지침을 가지고 계십니다. 승무원이 알려 주는 안전 수칙처럼, 하나님이 주시는 훈계는 우리의 생명을 구할 수 있습니다. 하나님의 말씀을 듣기 위해 그리고 우리 삶에 적용하기 위해 시간을 들이면, 우리는 지혜를 얻게 됩니다. 그분의 도를 지키면 우리는 복을 받습니다. 그러므로 주님이 말씀하실 때는 귀 기울여 들으십시오! 우리를 향한 주님의 계획은 훨씬 더 고귀한 것입니다. 그분의 계획은 이 세상을 훨씬 능가합니다.

주님, 먼저 우리가 규칙과 지침을 별로 좋아하지 않는다는 것을 인정합니다. 그러나 하나님 아버지께서 말씀하시면 듣겠습니다. 주님의 훈계가 우리에게 생명을 준다는 것을 알기에, 그 훈계를 놓치고 싶지 않습니다. 주님, 주님의 말씀을 경청하겠습니다.

시기와 질투

**그러나 너희 마음 속에 독한 시기와 다툼이 있으면 자랑하지 말라
진리를 거슬러 거짓말하지 말라   야고보서 3:14**

시기하고 질투하는 마음은 우리가 생각지도 못한 틈에 고개를 들고 나타나 우리의 허를 찌릅니다. 어린이, 청소년, 어른 할 것 없이 모두에게 있는 마음입니다. 시기심은 언제나 "나는 어떻게 하라고!"라는 말을 반복하게 합니다. 다른 사람이 아닌 자신에게만 초점을 맞추는 것입니다. 시기심의 뿌리는 언제나 고통과 불안입니다. 종종 시기로 인해 관계가 깨어지고 쓰라린 괴로움을 겪기도 하는데, 그 고통은 수년간 지속되기도 합니다.

시기심과 자기중심적인 야망은 처음 시작될 때 미리 알아차리고 즉시 대처하는 것이 가장 좋습니다. 이렇게 기도하십시오. "하나님, 우리 눈을 어둡게 하는 눈가리개를 벗고 모든 것을 분명히 보게 해주십시오." 자신의 질투심을 주님 앞에 인정하며, 마음속에서 그것을 없애 주시기를 간구하십시오. 질투하는 마음에서 자유로워지면 우리의 행동과 태도, 그로 인해 얻게 되는 결과까지 우리 삶의 모든 것이 바뀔 것입니다. 또한, 다른 사람들을 비방하고 무너뜨리는 대신 그들을 세워 주게 되며, 우리의 초점이 하나님을 향해 다시 회복될 것입니다.

주님, 지금까지 여러 관계를 겪으면서 질투심으로 인해 죄책감을 느껴 왔습니다. 우리 마음에서 그러한 감정을 없애 주셔서 감사합니다. 홀가분한 마음으로 자유롭게 걸을 수 있게 해주신 주님, 정말 감사합니다.

다른 사람들을 돌보기

만일 형제나 자매가 헐벗고 일용할 양식이 없는데 너희 중에 누구든지
그에게 이르되 평안히 가라, 덥게 하라, 배부르게 하라 하며
그 몸에 쓸 것을 주지 아니하면 무슨 유익이 있으리요
이와 같이 행함이 없는 믿음은 그 자체가 죽은 것이라
야고보서 2:15-17

우리는 항상 "가족이 우선"이라는 말을 합니다. 우리 가족이 보살핌을 잘 받고 있는지 살피는 일은 매우 중요합니다. 잘 먹이고 잘 입히며, 함께 생활할 집도 있어야 합니다. 그런데 우리에게는 더 큰 의미의 또 다른 가족이 있습니다. 주님이 돌보라고 당부하신 사람들도 우리의 가족입니다.

우리 주변에는 고통받는 사람들이 많습니다. 집이 없는 사람, 실직한 사람, 학대를 당한 사람, 외롭고 배가 고픈 사람 등 기본적인 필요를 채우지 못하는 사람이 많습니다. 그들의 필요를 모두 채울 수는 없겠지만, 가능하다면 일 한 가지씩을 맡아 보면 어떨까요? 가령 일주일에 한 번 노부부에게 식사를 제공한다면, 그분들의 삶이 달라질 것입니다. 우리가 할 수 있는 일은 항상 있습니다. 그들을 하나님의 가족으로 여기며 보살핀다면, 우리는 여전히 "가족이 우선"인 삶을 살고 있는 것입니다.

주님, 이제 알겠습니다. 가족이 우선입니다! 주님의 가족들이 우리 주변 곳곳에 있습니다. 하나님 아버지, 주님의 가족을 가장 잘 섬기는 방법을 가르쳐 주소서. 할 수 있는 한 많은 사람과 함께 주님의 사랑을 나누고 싶습니다.

하나님이 주신 좋은 약

**마음의 즐거움은 양약이라도
심령의 근심은 뼈를 마르게 하느니라**
잠언 17:22

 심한 독감에 걸리면 코가 막히고, 기침이 나고, 열이 오르고, 오한이 들어 담요를 덮어도 몸이 덜덜 떨립니다. 그러면 독감이 빨리 지나가기를 기도하지요. 너무 낫지 않아서 그만 포기하려고 하는데 약이 도착합니다. 약을 먹으니 한 시간도 안 지나 효과가 나타납니다. 코가 덜 답답하고, 열이 떨어지며, 기침도 잦아듭니다. 약을 제때에 잘 사용하면 많은 증상이 완화될 수 있습니다.
 성경이 즐거운 마음을 좋은 약이라고 부르는 것이 참 흥미롭습니다. 그런데 그 약은 언제라도 손쉽게 구할 수 있습니다. 불쾌한 상황을 겪고 있다면, 그 약이 바로 우리 곁에서 우리가 사용하기를 기다리고 있음을 기억하기만 하면 됩니다. 마음이 되살아난다면 상한 심령과 영적인 건강도 회복될 것입니다. 얼마나 훌륭한 약인지요!

 주님, 행복하고 즐거운 마음이 좋은 약이라는 사실을 다시 깨닫게 해주셔서 감사합니다. 즐거운 마음을 갖기가 항상 쉬운 것은 아니지만, 주님이 우리에게 하라고 하신 일입니다. 오늘 우리는 기쁨을 선택합니다. 하나님이 주신 이 약을 먹기만 하면, 우리의 상황이 나아질 것을 믿습니다.

참견하지 말라

> 우리가 들은즉 너희 가운데 게으르게 행하여
> 도무지 일하지 아니하고 일을 만들기만 하는 자들이 있다 하니
> **데살로니가후서 3:11**

"호사가"라는 말이 있습니다. 다른 사람의 일에 참견하기 좋아하는 사람을 가리키는 말이지요. 그런데 하나님은 결코 우리를 호사가로 만들지 않으셨습니다. 굳이 다른 사람의 삶을 참견하지 않아도, 우리 삶에는 극적인 사건이 넘쳐 납니다. 그런데 왜 자신과 상관도 없는 일에 간섭을 하는 것일까요?

자신은 제대로 성장하고 있지 않으면서, 다른 사람에게 어떻게 살아야 하는지, 더 좋은 그리스도인이 되려면 어떻게 해야 하는지 말할 필요가 없습니다. 그보다는 자신을 훈련하고 자기 일에 신경을 쓰면서 하나님이 우리 삶을 통치하시는 데 관심을 두어야 합니다. 그리고 이웃의 삶에 대해서도 하나님이 직접 일하시도록 맡겨 드리는 것이 좋습니다. 주님이 우리보다 훨씬 더 좋은 선생이십니다. 그분은 다른 이의 기분을 언짢게 하거나 험담하는 일 없이 사람의 마음을 얻는 법을 아십니다.

주님, 이제 우리는 참견하는 사람이 되고 싶지 않습니다. 주님의 용서와 은혜를 구하며, 자비로우신 주님께 감사를 올려 드립니다.

자유를 누리는 삶

**그리스도께서 우리를 자유롭게 하려고 자유를 주셨으니
그러므로 굳건하게 서서 다시는 종의 멍에를 메지 말라
갈라디아서 5:1**

주인을 섬기는 데 일생을 바친 노예가 있습니다. 그는 주인이 시키는 일은 무엇이든 하며 살았습니다. 주인의 손에 학대를 당하면서도 위축되지 않고 견뎌 왔습니다. 그러던 어느 날, 누군가 몸값을 지불하고 그를 자유롭게 풀어 주었습니다. 하지만 그는 오히려 혼란스러워졌습니다. 족쇄는 사라졌지만, 이제 무엇을 하며 살아야 할지, 끼니는 어떻게 해결해야 할지 몰랐습니다. 결국, 이전의 삶이 자신에게 주어진 유일한 길이라 확신하고, 악한 주인에게 되돌아가기로 선택했습니다.

이 비유가 극단적으로 들릴 수 있지만, 우리의 모습도 종종 이와 같습니다. 예수님이 우리를 율법의 저주에서 이미 자유롭게 하셨는데, 우리는 옛날로 돌아가는 것이 더 좋겠다고 확신하며 이전의 삶으로 돌아가고는 합니다. 그리스도께서 우리에게 자유를 주신 것은 우리가 계속해서 자유를 누리며 살기를 원하셨기 때문입니다. 그러므로 우리는 굳건하게 서서 종의 멍에가 다시는 우리를 사로잡지 못하도록 해야 합니다.

하나님 아버지, 앞으로도 계속 이 자유를 누리며 살고 싶습니다. 노예처럼 묶여 살았던 이전의 삶으로 돌아가고 싶지 않습니다. 주님, 우리가 굳건하게 설 수 있도록 도와주소서. 이제는 종의 멍에를 거절하겠습니다. 예수님의 이름으로 그 속박에서 벗어나겠습니다!

인생의 계절

범사에 기한이 있고 천하 만사가 다 때가 있나니
전도서 3:1

우리는 모두 삶의 계절을 지나며 살아갑니다. 어떤 계절은 다른 계절보다 더 행복합니다. 어떤 계절에는 더 많은 결실이 있습니다. 더 조용하고 평안한 계절도 있습니다. 지금 가족이 어떤 계절을 지나고 있든, 계절을 거스르지 않기를 바랍니다. 다만 모든 계절은 결국 지나간다는 것만 기억하십시오.

겨울이 지나면 봄이 오고, 봄이 지나면 여름이 오고, 계절은 그렇게 흘러갑니다. 계절을 거스르는 것은 자기 자신을 지치게만 할 뿐, 아무 소용이 없습니다. 시간은 흐르고 계절은 바뀔 것입니다. 바로 지금 이 순간 겪는 시련이 무엇이든 언젠가는 아련한 기억으로 남을 것입니다. 그때까지 눈을 들어 하늘을 바라보십시오! 하나님께 시선을 고정하고, 그분을 신뢰하십시오. 그분이 우리를 끝까지 돌보시며, 바람의 변화가 느껴지기까지 견디게 하실 것입니다.

주님, 결국 이 시간도 계절처럼 지나간다는 말씀을 듣고 나니 정말 기쁩니다. 지금 우리의 상황이 이대로 영원히 계속된다면, 과연 어떻게 감당할 수 있을지 모르겠습니다. 하나님 아버지, 바람을 바꿔 주시고, 다음 계절을 허락해 주셔서 감사합니다. 새로운 바람이 불어오는 소리가 들립니다. 어떤 계절이 다가오고 있든 기대하는 마음으로 기다리겠습니다. 그때까지 주님을 신뢰하겠습니다.

선택받음

**너희가 나를 택한 것이 아니요 내가 너희를 택하여 세웠나니
이는 너희로 가서 열매를 맺게 하고 또 너희 열매가 항상 있게 하여
내 이름으로 아버지께 무엇을 구하든지 다 받게 하려 함이라**
요한복음 15:16

슈퍼마켓에서 사과 여섯 개를 구입하려고 합니다. 그러면 어떤 것으로 여섯 개를 고르시겠습니까? 사과에 상처나 무른 곳은 없는지 자세히 살펴본 후, 마침내 한 개를 고를 것입니다. 완벽하지는 않아도 그만하면 되었다고 확신하며 말이지요. 그런 다음 하나씩 하나씩 계속 신중하게 고를 것입니다.

우리에게 어떤 선택권이 있을 때, 우리는 무엇을 고를지 신중해집니다. 하나님도 우리와 같지 않으실까요? 그분께 우리를 선택할 수 있는 선택권이 있습니다. 그분은 우리를 선택하셨을 뿐 아니라 지명하여 세워 주셨습니다. 왜 그렇게 하셨을까요? 당연히 열매를 맺게 하기 위함입니다. 우리는 하나님께 특별히 선택받은 사람들입니다. 그분은 우리가 삶에서 열매를 맺을 것을 이미 아십니다. 열매 맺는 사람만이 세상을 변화시킬 수 있습니다.

주님, 우리를 선택해 주셔서 너무나 영광입니다. 우리의 가능성을 보시고 우리를 선택하셨다는 사실이 더욱 영광스럽습니다. 하나님 아버지, 우리를 신뢰해 주시는 주님을 경배하며, 주님이 기뻐하시는 열매를 맺길 원합니다.

압도적인 감정

**내 마음이 약해질 때에 땅끝에서부터 주께 부르짖으오리니
나보다 높은 바위에 나를 인도하소서
시편 61:2**

"압도적인" 감정을 느껴 본 적이 있습니까? 그 휩싸이는 감정은 거의 쉴 새 없이 우리를 공격합니다. 우리 주변의 일들이 급속도로 돌아가면서 마음을 모으기 힘들 때도 있습니다. 가정에서의 의무나 돈 문제, 학교에서의 관계, 교회 직분을 둘러싼 문제, 질병과 예기치 않은 위기는 언제나 느닷없이 우리의 허를 찌릅니다.

감정에 압도당할 때는 "물에 빠진" 것 같은 느낌이 듭니다. 그러나 하나님이 우리에게 주신 삶은 절대로 그런 모습이 아닙니다. 그분은 우리가 가라앉을 때 우리를 다시 끌어올려 주시는 분입니다. 우리를 압도하는 그 감정을 없애고, 우리 마음에 평안을 가져다줄 유일한 분이십니다. 마음이 무거울 때는 반드시 주님께 부르짖어야 합니다. 그분은 우리를 끌어내리겠다고 위협하는 모든 상황보다 훨씬 더 높고 높은 진정한 바위이십니다.

하나님 아버지, 우리는 감정에 심하게 압도당할 때가 있습니다. 우리를 둘러싼 바쁜 일도 너무나 많습니다. 그러나 주님은 이 모든 것을 다루실 수 있습니다. 우리가 감정에 휩싸여 힘겨울 때는 주님께 오면 된다는 것을 늘 기억할 수 있게 도와주소서.

그분 안에서의 만족

**아침에 주의 인자하심이 우리를 만족하게 하사
우리를 일생 동안 즐겁고 기쁘게 하소서**
시편 90:14

나를 무조건 사랑해 주는 사람이 있나요? "네가 몇 번을 넘어지든 내가 몇 번이고 다시 일으켜 줄게."라고 말해 주는 사람 말입니다. 아무 조건 없이 우리를 사랑하겠다고 약속할 수 있는 분은 오직 우리 주님 한 분뿐이십니다. 어떤 고난이 와도 우리와 항상 함께하겠다고 하신 주님의 말씀은 변함없이 진실한 약속입니다. 그분의 사랑은 일반적인 사랑의 범위를 훨씬 뛰어넘는 신적인 사랑입니다. 이처럼 끝까지 포기하지 않는 그분의 사랑으로 우리는 아침부터 밤까지 충분한 만족을 느낍니다.

우리의 모습이나 상태와 관계없이 우리가 사랑받고 있다는 사실을 붙잡게 되면, 그것이 우리를 변화시키기 시작합니다. 더 잘하고 싶고, 계속 하나님께 집중하게 됩니다. 우리는 그분 안에서 완전한 만족을 누립니다. 하나님의 사랑과 용서, 그리고 놀라운 자비를 느낄 수 있기 때문입니다. 얼마나 좋은 삶인지요!

하나님 아버지, 무조건적인 주님의 사랑은 우리가 경험했던 어떤 사랑보다도 훨씬 깊습니다. 정말 감사드립니다. 지금껏 사람들은 우리에게 등을 돌리고 떠나갔지만, 주님은 끝까지 우리와 함께 계십니다. 자격이 없을 때도 우리를 축복해 주시는 주님, 감사합니다.

우리 교회

**모이기를 폐하는 어떤 사람들의 습관과 같이 하지 말고
오직 권하여 그 날이 가까움을 볼수록 더욱 그리하자
히브리서 10:25**

교회가 있다는 것은 나와 우리 가족 모두에게 얼마나 큰 축복인지 모릅니다. 교회는 우리가 적응하며 친구를 사귀고, 믿음 안에서 성장하기에 가장 알맞은 곳입니다. 그런데 스스로 거리를 둔다거나, 어디서든 자신이 이방인 같다고 느끼는 사람이라면, 교회에서의 모임을 피하게 되겠지요.

교회에 깊이 뿌리를 내리고 적극적으로 참여해 보십시오. 경계심을 내려놓고 사람들과 연결되어, 그들이 우리를 사랑하고 우리도 그들을 사랑할 수 있도록 해보십시오. 그리스도의 몸인 교회에서 다른 이들과 관계를 맺으면서 겪는 기쁨과 슬픔을 경험해 보십시오. 세상 사람들은 우리가 서로 조화롭게 살아가는 모습을 문틈으로 살짝 엿보며 마음이 점점 교회에 끌릴 것입니다. 정말 멋진 일이 아닐 수 없습니다.

하나님 아버지, 우리 교회를 주셔서 감사합니다. 우리 주변에 주님을 사랑하고, 또 우리를 사랑해 주는 사람들이 있다는 사실이 너무나 감사합니다. 우리 가족이 오랫동안 교회에 뿌리를 내리고, 그리스도 안에서 형제자매들과 복음을 위해 함께 일하며 나아갈 준비를 할 수 있도록 도와주소서.

피곤한 자에게 주시는 능력

피곤한 자에게는 능력을 주시며 무능한 자에게는 힘을 더하시나니
소년이라도 피곤하며 곤비하며 장정이라도 넘어지며 쓰러지되
오직 여호와를 앙망하는 자는 새 힘을 얻으리니
이사야 40:29-31

온종일 침대에 누워 있으면 얼마나 좋을까 싶은 날이 있습니다. 우리는 정말 뼛속까지 피곤합니다. 마음먹고 침대에서 억지로 몸을 일으켜 보지만, 많은 경우 최선을 다해 보지도 못한 채 하루를 힘겹게 끝내고 맙니다. 피곤한 것이 부끄러운 일은 아닙니다. 성경은 젊은이들도 피곤하고 지칠 때가 있다고 말합니다. 그러니 단순히 나이 탓만 할 게 아닙니다. 그렇다면 어떻게 해야 할까요? 우리는 계속 살아가야 하는데 말입니다.

힘들고 지칠 때 우리가 할 수 있는 최선은 하나님의 능력을 구하며 기도하는 것입니다. 하나님은 분명 그분의 힘과 능력으로 우리에게 기운을 채워 주실 것입니다. 그리고 적절한 시간을 찾아 휴식을 취하십시오. 일과 쉼의 균형은 우리 삶에서 정말 필요한 것입니다.

주님, 너무 피곤합니다. 육신의 피로가 우리를 압도할 때도 많습니다. 계속 이렇게 살 수 있을지 의심이 들기도 합니다. 하나님 아버지, 피곤하고 지친 우리의 기력을 회복시켜 주소서. 주님이 우리에게 힘 주실 것을 믿고 감사드립니다.

네 머리를 들라

**여호와여 주는 나의 방패시요 나의 영광이시요
나의 머리를 드시는 자이시니이다
시편 3:3**

누군가 머리를 무겁게 내리누르는 것처럼 힘들 때가 있습니다. "힘겨운" 시절을 지날 때는 하나님께 집중하며 그분께 초점을 맞추는 것이 참 어렵습니다. 게다가 가족 모두가 힘든 시기를 지나는 상황이라면 더욱 힘들겠지요. 많은 사람의 삶의 무게를 동시에 극복하기란 자주 불가능해 보입니다.

그러나 우리가 섬기는 하나님은 우리의 삶이 무겁지 않기를 바라십니다. 모든 상황을 들어 올리는 데 탁월하신 하나님은 우리가 눈을 들어 그분을 바라보기 원하십니다. 스스로 모든 짐을 지는 대신 우리의 초점을 그분께로 옮기면, 무거운 짐을 주님의 어깨에 맡길 수 있습니다. 그분이 해결해 주실 것입니다. 우리는 할 수 없습니다. 그러므로 눈을 들어 그분을 바라보십시오. 힘겨운 상황의 무게가 덜어지며 내 마음이 깃털처럼 가벼워질 것입니다.

하나님 아버지, 상황이 우리를 내리누르는 기분이 들 때가 있습니다. 우리의 짐을 주님께 맡기는 것은 생각할 수도 없습니다. 그러나 우리가 모든 것을 맡기기를 너무나 원하시는 주님, 이제 한번 해보려고 합니다. 이 모든 삶의 무게를 주님이 맡아 주시고, 우리를 대신해서 짐을 져 주십시오. 머리와 눈을 들어 주님을 바라봅니다.

자족하는 마음

**그러나 자족하는 마음이 있으면
경건은 큰 이익이 되느니라
디모데전서 6:6**

우리는 자족해야 한다고 말은 하면서도 마음에 만족함이 없을 때가 많습니다. 늘 무언가를 더 원하는 마음이라면, 만족을 얻기란 쉽지 않을 것입니다. 그런데 하나님은 우리가 자족하며 살기를 바라십니다. 우리가 그분 안에서 만족을 느낄 때, 우리는 온 세상을 발아래 둔 듯 부족함이 없을 것입니다. 항상 좀 더 좋은 것, 무언가 다른 것을 바라며 만족하지 못한다면, 그런 것들에 너무 집착한 나머지 정말 좋은 것들을 놓치고 맙니다.

요즘 어떤 문제로 씨름하고 있습니까? 삶의 어떤 영역이 나에게 불평의 빌미를 가장 많이 줍니까? 집착하고 불평하는 대신 하나님을 찬양하십시오. 조금 부족한 것이 있더라도 이미 가진 것들에 대해 하나님께 감사를 올려 드리십시오. 불평이 변하여 평안과 만족과 심지어 기쁨이 넘칠 것입니다.

하나님 아버지, 우리의 모든 불평불만을 주님 앞에 내려놓습니다. 모두 가져가 주소서. 만족하지 못하는 마음은 우리의 생각을 어지럽히고, 다른 사람들을 보며 질투하게 합니다. 주님이 이미 해주신 것들에 대해 깊은 감사와 찬송을 드리며, 자족하며 사는 법을 가르쳐 주소서. 오늘 하루도 주님을 찬양하며 시작하겠습니다. 주님은 찬양받기에 합당한 분이십니다.

말씀을 생각하는 삶

**이 율법책을 네 입에서 떠나지 말게 하며
주야로 그것을 묵상하여 그 안에 기록된 대로 다 지켜 행하라
그리하면 네 길이 평탄하게 될 것이며 네가 형통하리라**
여호수아 1:8

가족들과 즐겁게 시간을 보낼 아이디어가 필요하다면, 성경 암송 계획을 한번 세워 보십시오. 가족이 함께 외울 수 있는 말씀 한 구절을 한 주에 한 개씩 골라 쪽지에 적고 잘 보이는 곳에 붙입니다. 냉장고 문이나 현관문 안쪽, 화장실 거울 같은 곳에 말이지요. 더 좋은 방법은 성경 구절에 멜로디를 붙이는 것입니다. 노래로 만들면 외우기도 쉽고, 모두 함께 부를 수 있어 좋습니다.

평소에 말씀을 외워 두면, 우리가 곤경에 빠질 때마다 그 말씀이 마음속에 떠오릅니다. 억지로 생각하지 않아도 자연스럽게 기억이 납니다. 살면서 걸림돌을 만났을 때, 그 상황에 꼭 맞는 말씀이 떠오를 것입니다. 이것이 바로 밤낮으로 하나님의 말씀을 생각하는 삶의 즐거움입니다.

주님, 우리가 중요한 성경 구절들을 잘 암송하여 정말 필요한 순간에 그 말씀들이 떠오를 수 있도록 도와주소서. 우리가 말씀 안에 거할 때, 형통하리라고 말씀하신 하나님 아버지의 약속을 사랑하며 그 은혜에 너무나 감사드립니다.

노하기를 더디 하라

**노하기를 더디 하는 것이 사람의 슬기요
허물을 용서하는 것이 자기의 영광이니라
잠언 19:11**

"마음을 지키는 것"과 "마음을 상하게 하는 것"에는 어떤 차이가 있을까요? 마음을 지키면 우리에게 찾아오는 모든 일에 준비하게 됩니다. 그런데 불행히도 우리 대부분은 마음을 지키기보다는 화내는 쪽을 택합니다. 때로 우리는 너무 쉽게 감정이 상합니다. 그런 순간에 대비하고 있기보다는 방심한 사이에 상처를 받고 몸을 움크립니다.

지금은 가족 모두가 마음을 지켜야 할 때입니다. 우리를 향한 모든 공격에 준비되어 있어야 합니다. 앞으로도 화낼 일은 계속 생길 것입니다. 그러나 이제 우리 가족은 단호하게 그것들을 마주하며 견딜 것입니다. 더는 움츠리고 기분 나빠하며 상처받지 않을 것입니다. 우리는 그 어느 때보다 더욱 머리를 강하게 들고, 우리를 공격하는 원수의 계략이 무엇인지 깨달아 알 것입니다.

주님, 너무 화가 날 때가 있습니다. 화를 멈추기가 너무나 힘듭니다. 우리가 마음을 지켜야 한다는 것을 다시 한 번 깨닫게 해주셔서 감사합니다. 이제 우리 감정을 상하게 하지 않기로 결심합니다. 우리의 생각과 마음을 높이 들고, 우리가 가는 길 위에 원수가 벌여 놓을 수 있는 모든 상황에 대비하겠습니다. 주님과 함께라면 우리는 어떤 원수보다도 강합니다.

산을 옮기는 사람

> 내가 진실로 너희에게 이르노니 누구든지 이 산더러 들리어
> 바다에 던져지라 하며 그 말하는 것이 이루어질 줄 믿고
> 마음에 의심하지 아니하면 그대로 되리라 **마가복음 11:23**

산을 옮긴다니, 엄청나게 힘든 일처럼 들립니다. 그러나 이 말은 육체적인 노동으로 산을 옮기라는 뜻이 아닙니다. 우리는 삶에서 산처럼 큰 장애물을 만납니다. 성경은 우리가 그 산을 향해 "들리어 바다에 던져지라!" 하고 외치면, 그 장애물이 사라질 것이라고 말씀합니다.

앞으로 우리 가정이 산을 마주하게 된다면, 사람의 힘을 합쳐 그 산을 움직일 방법을 궁리하기보다는, 서로 손을 맞잡고 함께 산을 바라보며 하나님의 말씀을 선포해 보십시오. 그리고 그 산이 바다에 던져지는 것을 지켜보십시오.

주님, 지금 우리 가족은 수많은 산을 마주하고 있습니다. 그 산들은 넘을 수 없을 것 같아 보입니다. 그러나 불가능해 보이는 일에 기뻐하며, 오늘 산을 향해 선포하겠습니다. 그 산들이 사라지는 모습을 믿음으로 지켜보겠습니다. 주님, 불가능해 보이는 것들을 믿을 수 있는 용기를 주셔서 감사합니다.

하나님을 우선순위로

**너는 청년의 때에 너의 창조주를 기억하라
곧 곤고한 날이 이르기 전에, 나는 아무 낙이 없다고 할
해들이 가깝기 전에 전도서 12:1**

"젊음은 한때"라는 말이 있습니다. 지금까지 수없이 들어 온 이 말을 많은 사람은 젊을 때 열정적으로, 과감하게, 최대한 인생을 즐겨야 한다는 의미로 받아들입니다. 그래서 파티와 신나는 일들에 관심을 다 쏟아부은 나머지, 하나님이 우리 삶에 주신 소명을 송두리째 잊어버리기도 합니다.

하나님은 우리가 즐겁고 행복하게, 만족스러운 삶을 살기 원하십니다. 우리가 하나님과 친밀하게 지내는 일에는 훨씬 더 많은 관심을 쏟으시지요. 하나님과의 관계를 가장 우선순위에 두십시오. 나이는 중요하지 않습니다. 하나님에게서 너무 멀리 떨어져 버린 후에 "내 인생이 왜 이렇게 된 거지? 더는 아무 낙이 없구나."라고 말하게 되기를 바라십니까? 아니라면, 하나님과 친밀하게 붙어 계십시오. 그분은 언제까지나 우리 삶의 여정을 함께하실 것입니다. 우리는 이전보다 하나님께 더욱 가까이 나아가게 될 것입니다.

하나님 아버지, 주님께 꼭 붙어 있고 싶습니다. 물론 즐거운 시간을 보내는 것도 좋지만, 우리를 이끄시고 인도하시는 주님과 함께 있을 때가 더욱 즐겁습니다. 주님은 우리의 즐거움을 망치려 하시는 분이 아닙니다. 우리에게 멋진 인생 여정을 선사해 주시고, 이후로도 영원한 행복으로 인도하실 주님을 신뢰합니다.

거룩한 집

**너희도 산 돌같이 신령한 집으로 세워지고 예수 그리스도로 말미암아
하나님이 기쁘게 받으실 신령한 제사를 드릴 거룩한 제사장이 될지니라
베드로전서 2:5**

우리는 거룩한 집이 되도록 부르심을 받았습니다. 물론 벽돌로 지어진 집은 아닙니다. 훌륭한 기초 위에 아름답게 꾸며진 영적인 집을 말합니다. 어떻게 하면 그런 집이 될 수 있을까요? 열심히 일하고, 최선을 다해 경치를 아름답게 꾸미면 그런 집을 만들 수 있을까요?

그렇지 않습니다. 가장 중요한 핵심은, 먼저 예수님과 견고한 관계를 맺는 것입니다. 우리는 삶을 제물로 드려서 하나님이 우리 안에 사시도록 해야 합니다. 하나님이 충만하게 사시는 집은 틀림없이 아름다운 집일 것입니다.

우리를 보는 다른 사람들의 눈에 우리의 외모나 체형, 결점과 같은 겉모습이 아닌 우리의 마음이 바로 보이면 좋겠습니다. 나아가 그분의 마음이 드러나면 좋겠습니다. 또한, 그들이 우리 가정을 들여다볼 때 우리를 통해 주님의 빛이 밝게 빛나게 되기를 원합니다.

주님, 아름다운 집이 되고 싶습니다. 단지 외면의 아름다움이 아니라 내면의 아름다움을 원합니다. 우리의 눈이라는 창을 통해 주님의 빛이 비치길 원합니다. 사람들이 우리에게 이끌리며, 궁극적으로는 주님께 이끌리길 소망합니다. 주님, 우리 안에 성령님이 살게 해주시니 정말 감사합니다. 우리가 거룩한 제사장이라니, 이 얼마나 큰 특권인지요!

행동으로 나타납니다

**비록 아이라도 자기의 동작으로
자기 품행이 청결한 여부와 정직한 여부를 나타내느니라
잠언 20:11**

아이들이 가득한 교실에 있는 선생님의 모습을 한번 떠올려 보십시오. 예의 바른 아이도 있겠지만, 그렇지 못한 아이도 있을 것입니다. 선생님은 모두를 똑같이 대하려고 최선을 다하지만, 몇몇 아이들은 선생님과 전쟁이라도 벌이는 듯합니다. 좋은 행동이든, 나쁜 행동이든 우리는 행동으로 자신을 나타내게 되어 있습니다. 행동에 따라 우리의 평판이 결정됩니다. 어린아이들만이 아니라 다 큰 성인들도 자신의 행동으로 알려지기는 마찬가지입니다.

우리의 품행이 순수하고 정직하다면 주변 사람들의 신뢰를 얻을 것입니다. 그러나 항상 다른 사람을 몰아세우고, 상처를 주고, 자기주장만 내세운다면, 사람들은 우리에게 대단히 실망할 것입니다. 우리 가족 모두가 각자의 선한 행동을 통해 사람들에게 알려지면 좋겠습니다. 행하는 모든 일을 통해 하나님을 높여 드리고, 그로 인해 존경받는 가족이 되면 좋겠습니다.

하나님 아버지, 우리가 하는 행동이 말보다 훨씬 더 중요하다는 사실을 다시 한 번 깨닫게 해주셔서 감사합니다. 온종일 사람들을 사랑한다고 말하면서 정작 행동은 그렇지 않다면 우리는 위선자가 되고 말 것입니다. 주님, 오늘 우리 가족이 다정하고 믿을 만한 사람들로 알려지도록 도와주소서.

결코 버림받지 않습니다

**내가 결코 너희를 버리지 아니하고
너희를 떠나지 아니하리라 히브리서 13:5**

누군가에게 버림받거나 배신당해 힘들었던 경험이 있다면, 하나님이 우리를 버리지도 떠나지도 않으신다는 말씀을 믿기가 어려울 것입니다. 특히 지금 어떤 관계가 깨어지는 과정 중에 있다면 더욱 그렇겠지요. 그러나 우리가 삶에서 어떤 상황을 만나든, 하나님의 말씀은 진리입니다. 확실히 믿어도 됩니다. 하나님은 우리를 떠나지 않으십니다.

우리가 과거에 어떤 일을 저질렀든, 앞으로 어떤 일을 하게 되든 그분을 떠나시게 할 수 있는 것은 아무것도 없습니다. 하나님은 마치 접착제처럼 우리에게 꼭 붙어 계십니다. 익히 들어 알겠지만, 그분은 결코 우리를 포기하지 않으십니다. 좋을 때나 나쁠 때나 하나님은 우리가 가는 길 내내 끝까지 함께하십니다. 또한, 그분은 우리가 누군가에게 거절당한 후 느끼는 고통스러운 감정을 치유하기 원하십니다.

오늘 그분을 꼭 붙드십시오. 우리가 가는 모든 걸음마다 하나님이 함께 계신다는 사실을 굳게 믿으며, 앞으로 나아가는 데 필요한 소망과 치유를 받아들이길 바랍니다.

주님, 우리에게 이 말씀이 다시 필요했습니다. 주님은 우리와 함께 계시며, 우리를 버리지 않으십니다. 주님이 우리 마음을 치유해 주시길 간절히 기도합니다. 상처 입었던 과거를 지나 이제 앞으로 나아가길 원합니다. 하나님 아버지, 주님이 도와주시면 우리는 할 수 있습니다. 우리에게 다시 소망을 갖게 해주셔서 감사합니다.

선한 말

**근심이 사람의 마음에 있으면 그것으로 번뇌하게 되나
선한 말은 그것을 즐겁게 하느니라 잠언 12:25**

정말 우울했던 날을 떠올려 보십시오. 기분이 너무 가라앉아 이불을 뒤집어쓰고 싶었던 날 말입니다. 마음에 염려와 근심이 찾아오면 그렇게 될 수 있습니다. 가정 안에서는 문제가 훨씬 더 커지기도 합니다. 사람들은 기분이 우울할 때 다른 사람까지 힘들게 하는 경향이 있기 때문입니다.

가족 중 누군가에게 이런 기분이 찾아왔다면 생기 있고 활기찬 이야기를 해주십시오. 소망을 주고 치유하는 말을 해주십시오. 소망은 염려와 근심을 덜어 주는 데 상당한 효과가 있습니다. 성경 구절을 떠올리며 큰 소리로 말해 보는 것도 좋습니다. 주변 사람들이 부정적인 말을 하더라도 우리는 긍정적인 말을 하도록 최선을 다해야 합니다. 우리의 긍정적인 생각이 주변의 부정적인 마음을 즉시 변화시킬 수 있습니다. 그렇지 않더라도 최소한 우리의 마음과 생각을 하나님께 집중하게 해줄 것입니다.

주님, 우리는 염려하는 마음이 사람들을 어떻게 무너뜨리는지 잘 알고 있습니다. 그런 순간이 올 때마다 소망과 기쁨, 긍정적인 말을 나눌 수 있는 사람이 되고 싶습니다. 모두 함께 비굴해지기보다는 목소리를 내어 선한 말을 할 용기를 주소서. 하나님 아버지, 주님의 도움이 필요합니다. 주님이 속히 도와주실 것을 믿습니다.

경건한 유산

**여호와의 말씀이 내게 임하니라 이르시되
내가 너를 모태에 짓기 전에 너를 알았고 네가 배에서 나오기 전에
너를 성별하였고 너를 여러 나라의 선지자로 세웠노라 하시기로
예레미야 1:4-5**

우리는 모두 다음 세대에게 경건한 유산을 물려주는 사람이 되기를 원합니다. 특히 자녀나 손주들에게 대대로 성경의 진리를 전해 줄 수 있는 가정 환경에서는 더욱 그렇습니다.

하나님은 우리를 여러 나라의 선지자로 세우셨습니다. 그런데 그 "여러 나라"는 우리 가정에서부터 시작됩니다. 우리는 하나님을 위해 위대한 일을 이루어 가도록 구별된 사람들입니다. 재산이든, 명성이든, 집이든, 무엇을 더 남기든 간에 우리가 남겨야 할 가장 중요한 유산은 단연코 예수님을 향한 열정입니다. 우리의 후손이 모두 하나님을 사랑하며, 그분을 가장 우선순위에 두는 경건한 유산을 이어 가기를 기도합니다.

우리를 구별하여 불러 주신 주님, 정말 감사합니다. 주님의 부르심을 따라 우리가 나아가야 할 그 나라는 우리 가정에서부터 시작되어야 함을 다시 일깨워 주시니 감사합니다. 우리 가족 모두가 복음을 위해 세상에 영향을 끼치며, 경건한 유산을 물려주는 사람이 될 것을 믿음으로 선포합니다. 하나님 아버지, 이 엄청난 특권에 감사드리며 주님께 영광을 올려 드립니다.

선을 이루시는 하나님

**우리가 알거니와 하나님을 사랑하는 자 곧 그의 뜻대로
부르심을 입은 자들에게는 모든 것이 합력하여 선을 이루느니라
로마서 8:28**

우리 삶에서 일어나는 나쁜 일들을 하나님이 선하게 바꾸어 주신다는 사실을 정말 믿습니까? 물론 믿는다고 말하기란 그리 어렵지 않습니다. 그런데 정말 그럴까요? 일이 내 마음대로 풀리지 않을 때도 그 말을 행동으로 증명할 수 있는지요?

극심한 고통과 싸우는 중에는 안개 너머를 보지 못할 때가 많습니다. 좋은 시절이 오고 있다고 믿기가 어렵습니다. 그러나 하나님은 그때도 여전히 선을 이루겠다고 약속하십니다. 우리의 마음이 폭풍 속에서도 잠잠할 수 있으면 좋겠습니다. 주변에 화살이 빗발칠 때라도 평정심을 유지하기를 바랍니다. 하나님의 더 크신 뜻이 이루어질 것을 확신하며 늘 믿음을 지켜 주시기를 소망합니다.

주님, 오늘 주신 말씀을 믿고 싶습니다. 우리가 주님을 사랑하고 신뢰하는 한, 모든 것이 합력하여 선을 이룬다는 것을 믿기 원합니다. 하나님 아버지, 오늘 주님을 신뢰하기로 결심하겠습니다. 모든 일을 항상 이해할 수는 없지만, 주님을 믿기로 선택합니다. 주님이 우리를 대신해서 일하고 계시며, 그 결과가 선하리라는 것을 확신합니다.

마음 지키기

**모든 지킬 만한 것 중에 더욱 네 마음을 지키라
생명의 근원이 이에서 남이니라**
잠언 4:23

마음을 지킨다는 것은 무엇일까요? 말 그대로 마음 주변에 보초를 세우는 것입니다. 기분이 상했거나 상처를 받았을 때도 즉시 반응하지 않는 것입니다. 특히 가정 안에서는 마음을 지키는 것이 참 중요합니다. 서로의 감정이 갑작스럽게 폭발할 가능성이 높기 때문입니다.

가족은 신체적으로나 감정적으로 그리고 여러 가지 면에서 서로에게 너무나 가까운 사이입니다. 그래서 한집에 사는 사람들끼리는 평소보다 날카롭게 말하고 싶은 유혹이 더 커집니다. 그럴 때는 심호흡을 한 번 하고 한 걸음 뒤로 물러서는 것이 가장 좋은 방법입니다. 마음을 지키면 마음이 평안해집니다. 마음이 행복하고 평화로워집니다. 마음을 지키면 나 자신보다 다른 사람들을 생각하게 됩니다. 참 좋은 삶의 방식입니다!

주님, 이 말씀으로 우리를 다시 일깨워 주셔서 감사합니다. 우리는 무심코 바로 반응하며, 우리의 마음을 지키지 않을 때가 많습니다. 오늘 우리 삶에 들어와 주셔서, 행동하기 전에 숨을 깊게 쉬며, 생각하는 법을 가르쳐 주소서. 하나님 아버지, 우리의 마음을 지켜 주소서. 주님의 다정하신 두 손 위에 우리의 마음을 맡겨 드립니다.

신기하고 놀라운 창조

주께서 내 내장을 지으시며 나의 모태에서 나를 만드셨나이다
내가 주께 감사하옴은 나를 지으심이 심히 기묘하심이라
주께서 하시는 일이 기이함을 내 영혼이 잘 아나이다
시편 139:13-14

우리 하나님 아버지는 정말 훌륭한 예술가이십니다. 그분은 한 올 한 올 뜨개질을 하듯 손수 작품을 만드시며 진정한 예술의 즐거움을 주는 분이십니다. 그러나 하나님의 그림은 미술관에 걸려 있지 않습니다. 형형색색으로 해가 지는 풍경이나 어린아이의 사랑스러운 얼굴처럼 주변 곳곳에 전시되어 있습니다.

우리도 그분이 디자인하신 훌륭한 작품입니다. 몸매나 키와 상관없이 우리의 몸은 역사상 가장 위대한 예술가에 의해 특별히 디자인되어 어머니의 태에서 지어졌습니다. 우리는 너무나 신기하고 놀랍게 지어진 존재입니다. 우리를 창조하실 때 하나님은 아주 세심한 주의를 기울이셨습니다. 하나님의 작품은 하나같이 너무나 멋집니다.

자신을 있는 모습 그대로 받아들이고, 우리를 이토록 정교하고 세밀하게 창조해 주신 하나님께 감사를 드리십시오. 창조의 하나님, 우리 주 하나님은 의심할 여지없는 디자인의 대가이십니다.

하나님 아버지, 우리를 이렇게 만들어 주셔서 정말 감사합니다. 우리의 몸과 마음과 생각에 대한 주님의 설계도는 예나 지금이나 완전합니다. 어머니의 태 안에서 자상하게 우리를 만들어 주신 주님, 우리는 모두 하나하나 놀라운 작품입니다. 오늘 이 사실을 다시 한 번 기억하게 해주셔서 감사합니다.

너그러우신 하나님

**여호와 하나님은 해요 방패이시라 여호와께서 은혜와 영화를 주시며
정직하게 행하는 자에게 좋은 것을 아끼지 아니하실 것임이니이다**
시편 84:11

마트에서 제일 좋아하는 사탕 한 봉지를 사서는 집에 가져와 아무도 찾지 못할 높은 찬장에 감춥니다. 이렇게 사탕을 몰래 챙기는 것은 혼자서만 맛있는 것을 먹으려 할 때 하는 행동이지요. 하나님은 이런 방법을 쓰지 않으신다니 정말 다행입니다.

하나님은 선물을 높은 선반 위에 올려 두고 우리가 찾지 못하기를 바라는 분이 아니십니다. 모든 좋은 것을 우리 손이 닿는 곳에 두는 분이십니다. 그뿐 아닙니다. 그것들을 우리와 나누기 바라시는데, 심지어 간절히 바라십니다. 왜일까요? 하나님은 너그러운 아버지이시기 때문입니다. 그분은 인색하지 않으십니다.

또한, 하나님은 우리가 그 선물들을 활용해서 사람들을 하나님께로 인도할 수 있음을 아십니다. 결국, 그분이 우리에게 아낌없이 베푸시는 것은 서로에게 기쁨이 됩니다. 우리가 섬기는 하나님은 얼마나 너그러운 분이신지요!

주님, 감사합니다! 언제나 우리에게 은혜를 베풀어 주시고 존귀하게 여겨 주시는 너그러운 하나님을 오늘 다시 한 번 기억합니다. 주님의 수많은 선물이 바로 우리 앞에 있고, 우리는 언제든 그것들을 취할 수 있습니다. 이렇게 큰 축복을 주셔서 너무나 감사합니다, 주님.

길을 인도하시는 하나님

**너는 마음을 다하여 여호와를 신뢰하고 네 명철을 의지하지 말라
너는 범사에 그를 인정하라 그리하면 네 길을 지도하시리라
잠언 3:5-6**

국립공원의 구불구불한 산길을 가는 장면을 생각해 보십시오. 방향 표시가 잘된 길을 따라갈 때는 괜찮았는데, 갑자기 방향이 헷갈리고 앞길이 막막해집니다. 앞으로 쭉 가야 할지, 왼쪽 길로 들어서야 할지 확신할 수 없어서 가던 길에서 완전히 멈춰 섭니다. 방향을 알려 줄 단서를 찾기 위해 주위를 둘러보지만 전혀 찾을 수가 없습니다. 사람들이 많이 다니는 길이 아니라 GPS도 도움이 되지 않습니다.

인생길에서도 가끔 이런 기분이 들 때가 있습니다. 특히 가정 안에서 더욱 그렇습니다. 우리는 잘 지내고 있고, 모든 일을 잘 파악하고 있다고 생각하지만, 갑자기 어떤 일이 "쾅" 하고 일어납니다. 예전에 확신했던 것들에 자신이 없어집니다. 방향 표시도 잘되어 있지 않지요. 결국 가던 길을 멈추게 됩니다. 그때 우리가 소리쳐 부를 수 있는 한 분이 계십니다. 그분은 우리가 가야 할 길이 왼쪽인지 오른쪽인지 아십니다. 큰 소리로 그분을 부르며 그분의 음성에 귀 기울여 보십시오. 열심히 들어 보십시오. 아기 걸음마처럼 한 번에 한 걸음씩 가더라도, 그분은 분명 우리를 인도해 주실 것입니다.

하나님 아버지, 가끔 마음의 갈피를 잡지 못할 때가 있습니다. 우리가 방황할 때 분명한 길을 보여 주셔서 감사합니다.

하나님의 방식

> 우리 가운데서 역사하시는 능력대로 우리가 구하거나 생각하는
> 모든 것에 더 넘치도록 능히 하실 이에게 교회 안에서와
> 그리스도 예수 안에서 영광이 대대로 영원무궁하기를 원하노라 아멘
> **에베소서 3:20-21**

아이들이 만지면 안 될 물건을 두는 선반이 있습니다. 그 선반은 아이들 손이 닿지 않는 높은 곳에 있지요. 아이들이 가져가기에는 물건들이 너무 높이, 너무 멀리 있습니다. 우리 삶 속에서 하나님이 일하시는 방식도 이와 같습니다. 우리가 이룰 수 있는 일이었다면 어떻게든 해보았을 것입니다. 무엇이든 다 손을 뻗어 잡으려 했을 것입니다. 그러나 하나님이 하시는 일은 훨씬 높은 곳에 있습니다. 우리가 구하거나 생각할 수 있는 것보다 훨씬 더 먼 곳에 있기에 우리는 그저 감탄할 수밖에 없습니다.

하나님은 정말 위대한 분이십니다! 그분은 몇 번이고 계속해서 자신의 능력을 보여 주십니다. 빠져나갈 길이 보이지 않는 상황을 만난다면 위를 올려다보십시오! 높은 곳을 바라보십시오! 그 너머를 보십시오! 하나님은 우리가 깜짝 놀랄 방법으로 우리를 대신해 이미 일하고 계십니다.

주님이 일하시는 방식은 우리의 생각보다 훨씬 더 높다는 사실을 절대 잊지 않게 해주소서! 주님이 우리를 대신해서 하시는 일들은 우리가 생각해 낼 수 있는 일보다 몇 광년이나 더 앞서 계십니다. 우리 자신의 초점을 훨씬 더 높고 먼 곳으로 옮겨 주셔서 감사합니다. 하나님 아버지, 주님은 정말 굉장한 분이십니다!

소문

**허물을 덮어 주는 자는 사랑을 구하는 자요
그것을 거듭 말하는 자는 친한 벗을 이간하는 자니라**
잠언 17:9

소문은 작은 불꽃을 일으키는 성냥처럼 작게 시작합니다. 그러나 머지않아 불길이 걷잡을 수 없이 퍼지며 우리의 관계들을 태우고 무너진 흔적을 남깁니다. 특히 가정 안에서 더욱 그렇습니다. 어떤 사람이 다른 사람에 대해 무슨 말을 하면, 그 말이 옆 사람에게 전해지면서 추측에 불과하던 말이 100% 사실이 됩니다. 거기서부터 이야기는 더욱 커지고, 왜곡되고, 빛의 속도로 퍼지면서 처음 이야기와는 완전히 다른 이야기가 됩니다. 불을 끄기 위해 소방차가 도착할 무렵에는 이미 많은 피해를 입은 상태입니다.

혹시 오늘 친구나 가족에게 전할 "소소한" 이야기가 있다면 먼저 기도하십시오. 그 이야기를 전하는 게 좋을지, 아니면 혼자만 알고 있어야 할지 주님께 여쭈어 보십시오. 성냥에 불이 붙지 않았다면, 많은 관계가 깨지지 않고 유지될 것입니다.

하나님 아버지, 순간순간 우리의 혀를 지켜 주소서. 앞으로 어떤 말을 전하고 싶은 유혹을 받을 때는 우리의 말이 엄청난 화재로 이어질 수 있다는 것을 기억나게 하시고, 불이 시작되기도 전에 자제할 수 있도록 도와주소서.

하나님의 영광스러운 임재

> 구름이 회막에 덮이고
> 여호와의 영광이 성막에 충만하매
> **출애굽기 40:34**

주님의 영광스러운 임재를 찬양합니다! 이는 그저 구약 성경에서나 읽어 볼 수 있는 이야기가 아닙니다. 성전 안에 있던 이사야나 산 위의 모세만 경험하는 일이 아닙니다. 주님의 임재는 매일 우리와 함께 있습니다.

우리가 신경 쓰지 않아 알아채지 못할 때가 많지만 거룩하신 하나님, 왕이신 하나님은 우리를 감싸고 계십니다. 우리는 바다의 파도 속에서 그분의 임재를 봅니다. 산속 깨끗한 공기에서 그분의 임재를 들이마십니다. 아기의 미소를 통해 그분의 임재에 사로잡힙니다. 우리가 돌아보는 모든 곳에서 주님의 존재가 우리를 반겨 주십니다.

우리 가족이 주님의 임재를 있는 그대로 느끼고 감사할 수 있기를 원합니다. 너무 바쁘다는 이유로 가장 멋진 선물인 하나님의 거룩하신 임재를 그냥 지나치는 일이 결코 없기를 바랍니다.

하나님 아버지, 지금까지 우리는 주님의 임재를 여러 번 경험했습니다. 주님의 거룩하심에 숨이 멎을 것 같았습니다. 화려한 저녁노을과 완벽한 아치 모양으로 선명하게 빛나는 무지개를 보며 숨이 막히는 것 같았습니다. 주님은 참으로 놀라운 창조주이십니다. 매일 우리를 주님의 임재 안으로 초대해 주셔서 감사합니다.

진홍같이 붉을지라도

> 여호와께서 말씀하시되 오라 우리가 서로 변론하자
> 너희의 죄가 주홍 같을지라도 눈과 같이 희어질 것이요
> 진홍같이 붉을지라도 양털같이 희게 되리라
> **이사야 1:18**

집집이 빨랫거리가 넘쳐 납니다. 빨래가 산더미처럼 끝도 없이 쌓입니다. 어떻게 보면 우리의 죄는 마치 그 더럽고 얼룩진 빨래와도 같습니다. 우리가 상황을 너무 엉망으로 만든 나머지, 고칠 방법이 전혀 없을 것 같습니다. 관계를 회복하고, 다시 시작하고, 우리가 잘못한 일을 바로잡는 일이 불가능해 보입니다.

그러나 우리가 믿는 하나님은 용서에 탁월한 분이십니다. 주님은 우리의 얼룩진 죄를 받아 그분의 신기한 세탁기에 넣고는 눈처럼 하얗게 될 때까지 돌리십니다. 얼룩졌던 흔적이 자국 하나 남지 않고 완전히 없어집니다. 하나님은 정말 놀라운 분이십니다. 새로운 시작을 할 수 있는 우리는 얼마나 축복받은 사람들인지요!

주님, 우리의 죄를 씻어 주셔서 정말 감사합니다. 우리가 가장 부끄러워하는 것들을 이제는 걱정하지 않아도 됩니다. 주님이 모든 얼룩을 지워 주셨습니다. 하나님 아버지, 이 감사를 어떻게 말로 다 할 수 있을까요!

자기 훈련

**하나님이 우리에게 주신 것은 두려워하는 마음이 아니요
오직 능력과 사랑과 절제하는 마음이니
디모데후서 1:7**

훈련과 자기 훈련은 완전히 다릅니다. 훈련은 보통 다른 사람에게 받게 되는데, 어쨌거나 우리는 그것을 그다지 좋아하지 않습니다. 그런데 자신을 스스로 절제하고 훈련해야 한다면, 더욱 어려운 일일 것입니다. 그럼에도 불구하고 훈련은 삶에 꼭 필요한 부분입니다. 우리의 몸과 마음, 그리고 생각에 있어서도 절제하는 훈련이 되어야 합니다. 그렇지 않으면 경계선도, 통제력도 없는 삶을 살게 될 것입니다.

그러므로 겁먹지 말고 훈련을 시작해 보십시오. 능력과 사랑과 절제하는 마음을 훈련해 보십시오. 그리고 믿음과 확신 속에서 자신이 성장해 가는 모습을 지켜보기를 바랍니다. 머지않아 거절할 것에는 "아니요."라고 말하고, 포용할 것에는 "네."라고 말하게 될 것입니다. 자기 절제는 모든 상황에서 꼭 필요한 훈련입니다.

하나님 아버지, 우리는 훈련을 별로 좋아하지 않습니다. 이미 그것을 아셨던 주님은 오래전부터 우리를 확실히 훈련해야만 하셨습니다. 우리에게 몸과 마음, 그리고 생각을 스스로 절제하고 훈련하는 법을 가르쳐 주셔서 감사합니다. 앞으로 훨씬 더 나은 우리가 될 것입니다.

안식의 계절

**그가 나를 푸른 풀밭에 누이시며
쉴 만한 물가로 인도하시는도다
시편 23:2**

안식! 우리가 얼마나 원하고 필요로 하는 시간인지요. 요즘 우리에게는 안식할 시간이 너무나 부족합니다. 이곳저곳을 이 일 저 일로 뛰어다니느라 바쁩니다. 그러나 주님과 동행하는 삶에서 안식은 정말 중요한 부분입니다. 힘이 다 빠진 상태에서는 최상의 삶을 누리며 살 수 없기 때문입니다.

그런데 우리가 잠시 쉬며 숨을 돌릴 수 있도록 하나님이 우리를 쉴 만한 물가로 인도하시는 계절이 있습니다. 지금 그곳에 있는 자신의 모습을 한번 그려 보십시오. 푸른 풀밭이 펼쳐져 있고, 저 멀리 시냇물이 고요하고 잔잔하게 흐릅니다. 머리 위로는 수양버들 잎이 늘어져 있고, 뒤에서는 귀뚜라미 소리가 들립니다. 하나님을 만나기에 너무나 아름다운 풍경, 너무나 귀한 장소입니다.

하나님이 우리에게 가장 바라시는 것은, 마음을 잠잠히 하여 열린 마음으로 그분의 말씀을 듣는 것입니다. 하나님께 집중하며 귀 기울일 준비를 하는 우리가 되길 원합니다.

주님, 주님의 음성을 듣고 싶습니다. 오늘 우리를 쉴 만한 물가로 인도해 주소서. 우리 주변의 혼란스러운 소음들을 잠잠하게 하셔서, 주님의 심장 소리에 귀 기울이도록 도와주소서. 하나님 아버지, 우리의 심장이 주님의 심장과 함께 뛰었으면 좋겠습니다.

두려움에서의 자유

**너는 밤에 찾아오는 공포와 낮에 날아드는 화살과
어두울 때 퍼지는 전염병과 밝을 때 닥쳐오는
재앙을 두려워하지 아니하리로다 시편 91:5-6**

밤은 우리를 두렵게 합니다. 일단 불이 꺼지면, 우리는 보이지 않는 것들을 상상하며 두려워하지요. 그러나 하나님은 우리가 두려움에 떨기를 원치 않으십니다. 우리가 어떤 엄청난 상상을 하든 주님은 그보다 훨씬 더 크신 분입니다. 또 주님은 밤이나 낮이나 우리를 돌보아 주겠다고 약속하셨습니다.

낮에 갑자기 나에게 화살이 날아오거나, 밤에 집 안에서 들리는 작은 소리가 무서워 이불 속에 웅크리고 있다면, 하나님이 그보다 더 크신 분이라는 것을 기억하십시오. 그분이 나타나시면 예수님의 이름으로 모든 두려움이 달아날 것입니다. 용기를 내어 그 두려움을 향해 선포하십시오. 예수님의 이름으로 그것들이 사라질 것입니다.

주님, 밤중에 이상한 소리가 들릴 때도 주님을 신뢰할 수 있다는 것을 알았습니다. 주님은 참으로 선한 하나님이시며, 밤이나 낮이나 우리를 돌보시는 분입니다. 밀려드는 두려움에서 벗어날 수 있는 법을 우리에게 가르쳐 주소서. 그래서 주님이 우리를 창조하실 때 계획하셨던 모습대로 마음껏 살아가도록 도와주소서.

존중

> 늙은이를 꾸짖지 말고 권하되 아버지에게 하듯 하며
> 젊은이에게는 형제에게 하듯 하고 늙은 여자에게는
> 어머니에게 하듯 하며 젊은 여자에게는 온전히
> 깨끗함으로 자매에게 하듯 하라   **디모데전서 5:1-2**

우리는 "예전에는" 사람들이 얼마나 예의 바르게 행동했는지 돌아보며, 요즘 세상이 어떻게 되어 가는 건지 모르겠다는 말을 하고는 합니다. 예전에 비해 요즘 아이들의 생활 방식은 조금 무례해 보이기까지 합니다. 아이들만 그런 것이 아닙니다. 배우자 사이에서도 서로에 대한 존중을 찾아보기 어렵습니다. 친구들은 서로의 감정을 존중하지 않으며, 형제자매끼리는 상대방의 경계선을 침범합니다. 왜일까요? 자기 자신만 생각하느라 너무 바쁘기 때문입니다. 하나님의 말씀과는 반대되는 행동입니다.

주님이 말씀하신 길을 따라 사는 것은, 우리가 대접받고 싶은 대로 다른 사람을 대접하는 것입니다. 우리가 하는 말에는 사랑이 담겨 있어야 합니다. 어려운 일 같지만, 불가능한 일은 분명히 아닙니다. 주님이 도와주시면 모든 일이 가능합니다.

하나님 아버지, 다른 사람을 존중한다는 것이 어떤 의미인지 가르쳐 주소서. 우리 가족 모두가 사람들을 존중하는 법을 배워서 주님의 이름을 높여 드리게 하소서.

흑암에서 건져내사

> 그가 우리를 흑암의 권세에서 건져내사
> 그의 사랑의 아들의 나라로 옮기셨으니
> 그 아들 안에서 우리가 속량 곧 죄 사함을 얻었도다
> **골로새서 1:13-14**

배를 타고 여행을 하면서 안쪽 선실에 묵어 보았던 사람은 암흑이 무엇인지 잘 알 것입니다. 창문도 발코니도 없는 방에서 불을 끄면, 온 세상이 완전한 어둠 속에 잠깁니다. 하나님과 분리되어 사는 삶이 바로 이와 같습니다. 스위치가 꺼져 아무것도 볼 수 없는 상태가 됩니다. 그러나 그리스도께서 우리 마음에 들어오셔서 불이 켜지면, 눈앞에 있는 것들을 보며 크게 놀라게 됩니다.

우리는 방향 감각조차 느끼지 못할 곳에 있다가 모든 것이 분명히 보이는 곳으로 옮겨졌습니다. 빛을 주신 주님을 찬양합니다! 그분은 우리를 어둡고 음침한 곳에서 영원히 건져 내셨고, 나와 우리 가족이 따라가야 할 분명한 길을 보여 주셨습니다.

주님, 주님이 우리를 빛으로 이끌어 주시기 전까지는 우리 삶이 얼마나 어두운지 깨닫지 못했습니다. 우리 눈은 지금도 여전히 빛에 적응하고 있지만, 주님이 도와주시니 날이 갈수록 더욱 또렷이 보게 될 것입니다. 하나님 아버지, 주님을 찬양합니다!

주님의 부르심

**우리가 알거니와 하나님을 사랑하는 자
곧 그의 뜻대로 부르심을 입은 자들에게는
모든 것이 합력하여 선을 이루느니라
로마서 8:28**

밖에서 친구들과 놀고 있는데, 엄마가 문밖으로 고개를 내밀며 "저녁 먹자!" 하고 부릅니다. 가족과 함께 식탁에 둘러앉아 밥을 먹자고 우리를 초대하며 직접 부르는 소리지요. 친구들과 무슨 놀이를 하고 있든, 우리는 놀던 것을 멈추고 집으로 뛰어 들어갑니다. 엄마가 불렀기 때문입니다.

우리 삶에서 경험하는 하나님의 부르심도 이와 같습니다. 그분의 음성이 크게 들려옵니다. 안으로 들어와서 식탁에 둘러앉아 함께 시간을 보내자고 부르십니다. 그리고 우리는 그분이 계신 곳을 향해 뛰어가며 기쁨을 느낍니다. 좋을 때나 나쁠 때나 우리가 하나님께 달려가면, 그분은 우리가 겪는 모든 일을 합력하여 선을 이루어 주십니다. 그렇다면 우리가 해야 할 일은 무엇입니까? 그분의 부르심에 응답하고, 그분이 계신 곳이 가장 안전한 곳임을 신뢰하는 것입니다.

하나님 아버지, 주님의 음성이 들립니다! 주님이 우리를 부르고 계십니다. 이 세상이 주는 것들에서 떠나 주님의 임재 속으로 우리를 이끄십니다. 주님, 우리를 망설이게 하는 모든 것을 과감히 던져 버리고 주님께 곧장 달려가길 원합니다. 우리를 위해 모든 것을 합력하여 선하게 하실 주님께 정말 감사드립니다.

약속을 지키시는 하나님

> 그런즉 너는 알라 오직 네 하나님 여호와는 하나님이시요
> 신실하신 하나님이시라 그를 사랑하고 그의 계명을 지키는 자에게는
> 천 대까지 그의 언약을 이행하시며 인애를 베푸시되
> **신명기 7:9**

부모님은 아이들과 매번 약속을 합니다. "방을 깨끗이 치우면 쇼핑몰에 갈 거야." "여동생을 괴롭히지 않으면 맛있는 거 해줄게." 아이들도 부모님께 약속을 합니다. "여동생과 사이좋게 지낼게요." "이제부터 방을 어지르지 않을게요." 하지만 현실은 그렇지 못합니다. 의도는 좋지만 항상 약속을 잘 지킬 수가 없습니다. 우리는 무언가를 지키는 데 그다지 재주가 없기 때문입니다.

그러나 하나님은 약속을 항상 끝까지 지키는 분이십니다. 그러므로 성경에 나오는 약속은 모두 진실로 믿어도 됩니다. 주님은 말씀하신 것을 그대로 행하실 것입니다. 끝까지 약속을 지키시는 우리 하나님께 배울 점이 너무나 많습니다. 우리 가족 모두가 하나님처럼 약속을 잘 지킨다면 우리는 정말 건강한 가정이 될 것입니다.

주님, 우리는 배울 것이 너무 많습니다. 말한 대로 행동하는 사람이 되고 싶습니다. 가족을 실망하게 하지 않도록 끝까지 약속을 잘 지키는 사람이 되고 싶습니다. 하나님 아버지, 우리를 가르쳐 주시고, 모범을 보여 주셔서 감사합니다.

밤에는 찬송을

> 낮에는 여호와께서 그의 인자하심을 베푸시고
> 밤에는 그의 찬송이 내게 있어 생명의 하나님께 기도하리로다
> **시편 42:8**

밤에 잠 못 드는 경험을 해본 적이 있는지요? 아마 몇 시간 동안 이리저리 뒤척이고는 했을 것입니다. 그럴 때 생각을 멈추고 마음을 평온하게 할 방법이 있습니다. 바로 찬송을 부르는 것입니다. 크게 부르지 않아도 됩니다. 특히 누군가와 방을 같이 쓰고 있다면 조용히 부르십시오. 고요한 가운데 찬양을 부르면 좋은 점이 몇 가지 있습니다. 생각을 잠재우고, 하나님께 집중하며, 그분이 우리 삶을 주관하심을 다시 기억하게 됩니다.

하나님은 낮 동안에도 우리를 위해 놀라운 일을 많이 하시지만, 해가 지고 나서도 그분은 일하기를 멈추지 않으십니다. 그분은 밤새도록 우리에게 자장가를 불러 주십니다. 한번 귀 기울여 들어 보십시오! 지금도 주님은 우리 곁에서 노래를 부르며 그분을 찬양하도록 격려하고 계십니다. 고요한 가운데 그분의 노래가 더욱 크고 분명하게 들려올 것입니다.

하나님 아버지, 주님의 찬송이 늘 우리와 함께하신다는 것을 다시 기억하면 기쁨이 넘칩니다. 주변의 모든 것이 고요해지는 밤의 정적 속에서 제 마음에 찬양이 울려옵니다. 주님, 우리 마음속에 노래를 주셔서 감사합니다.

시험

**시험에 들지 않게 깨어 기도하라
마음에는 원이로되 육신이 약하도다 하시고
마태복음 26:41**

   곳곳에 우리를 시험하는 것들이 참 많습니다. 냉장고 문을 열면 쿠키와 케이크 같은 간식이 우리를 빤히 쳐다보며 유혹합니다. 집 밖으로 나가면 화가 난 이웃이나 정신 나간 운전자의 모습이 우리를 유혹하지요. 직장이나 학교에서도 시험은 그칠 줄 모릅니다. 우리는 하나님이 주시는 좋은 것들에서 우리를 멀어지게 하려는 사람들과 늘 마주칩니다.

   우리를 잡아끄는 수많은 유혹을 어떻게 이길 수 있을까요? 한 가지 방법밖에는 없습니다. 늘 조심하고 기도하는 것입니다. 하루를 시작할 때 주님께 온전히 집중하고, 주님이 우리 앞에 주신 길을 따라가기로 결심하면, 유혹이 찾아왔을 때 넘어질 가능성이 훨씬 작아집니다. 우리의 육신이 약한 것은 사실이지만, 마음은 간절합니다! 우리가 주님의 인도를 받으며 기꺼이 그분을 따라간다면, 분명히 시험을 극복할 수 있습니다.

주님, 우리가 얼마나 연약한 존재인지 잘 알고 있습니다. 지금까지 유혹에 굴복했던 일이 너무나 많았습니다. 하지만 주님은 우리가 감당하지 못할 시험은 주지 않으신다니 정말 기쁩니다. 시험이 찾아올 때 우리 가족 모두가 강하게 버틸 수 있도록, 그리고 유혹에서 재빨리 벗어나 멀리 도망칠 수 있도록 도와주소서.

순전한 마음

**청년이 무엇으로 그의 행실을 깨끗하게 하리이까
주의 말씀만 지킬 따름이니이다
시편 119:9**

99.999%의 순수함을 광고했던 비누 회사가 있습니다. 비누를 그렇게 순수하게 만들 수 있었던 비결이 무엇일까요? 비누를 "만드는" 과정에서 재료에 "불순물"을 섞지 않았기 때문입니다.

우리는 모두 하나님의 형상으로 "만들어지는" 과정에 있습니다. 가정에서의 역할이나 나이에 상관없이 우리는 모두 미완성입니다. 나이가 많든 적든 "만들어지는" 과정에서 불순물이 섞이지 않도록 자신의 마음을 잘 지켜야 합니다. 우리의 순전함을 온전하게 지켜 나갈 때, 하나님 나라를 위한 영향력을 갖게 될 것입니다. 순전함이 곧 영향력이 됩니다. 생각만 해도 즐겁지 않습니까!

주님, 우리 모두가 "미완성"임을 깨닫습니다. 감사하게도 주님은 우리 중 누구도 완성하지 않으셨습니다. 우리가 "만들어지는" 동안 주님이 우리의 마음과 생각과 행실을 지켜 주셔서, 복음의 메시지를 들고 세상에 영향을 주는 우리가 되길 원합니다.

하나님의 때

**일하는 자가 그의 수고로 말미암아 무슨 이익이 있으랴
하나님이 인생들에게 노고를 주사 애쓰게 하신 것을 내가 보았노라
하나님이 모든 것을 지으시되 때를 따라 아름답게 하셨고
전도서 3:9-11**

정말 버릇없는 아이를 본 적이 있는지요? 원하는 것을 꼭 가져야 하고, 그것도 지금 당장 가져야만 하는 아이들이 있습니다. 어쩌면 우리도 그런 아이였을 수 있습니다. 어른이 되어서도 우리는 원하는 것을 당장 갖고 싶은 마음과 여전히 싸웁니다. 무언가를 빨리 갖고 싶은 욕심은 나이를 먹는다고 사라지지 않습니다. 그래서 오늘 말씀에 나오는 성경 구절이 정말 중요합니다.

말씀을 통해 우리는 원하는 것을 원하는 때에 항상 얻을 수 없음을 다시금 깨닫게 됩니다. 기다리고, 기다리고, 또 기다려야 하는 때가 있습니다. 우리의 나이와 상관없이, 지금 당장 가지려는 욕심을 내려놓고 하나님의 때가 가장 완벽하다는 사실을 기억해야 합니다. 그분은 절대 늦으시는 법이 없습니다. 정확히 제때에 오시는 분입니다.

주님, 기다리기 싫어하는 우리 마음을 주님께 고백합니다. 주님은 때를 따라 모든 것을 완전하게 하시는 분임을 다시 깨닫게 해주셔서 감사합니다. 하나님 아버지, 결국 모든 것이 아름답게 될 것을 알기에 주님을 기다릴 수 있습니다.

전력 질주

> 내가 다시 해 아래에서 보니 빠른 경주자들이라고
> 선착하는 것이 아니며
> 용사들이라고 전쟁에 승리하는 것이 아니며
> **전도서 9:11**

우리는 있는 힘껏 전력으로 달리는 일을 정말 좋아합니다. 학교에서도 그랬고, 직장 생활을 하면서도 그렇지요. 심지어 차를 운전할 때도 우리는 전력 질주를 합니다. 계속 달리고 달리다가 연료가 떨어지면 의아해하고, 정작 최상의 컨디션이 필요한 순간에 지쳐서 쓰러지고 맙니다. 우리 몸은 그렇게 빨리 달리도록 만들어지지 않았습니다. 이따금 하나님은 우리를 결승선까지 전력 질주하는 경주가 아니라, 느리지만 꾸준히 가야 하는 경주로 부르십니다.

오늘 우리는 어디에 있습니까? 혹시 무시무시한 속력으로 달리고 있지는 않습니까? 기억하십시오. 가장 빨리 달리는 사람이 항상 우승하는 것은 아닙니다. 때로는 브레이크를 밟으며 안정된 속도로, 목표를 바라보며 천천히 가는 것이 훨씬 더 나을 수 있습니다. 결국, 우리는 목표 지점에 도착할 것이고, 도착해서도 에너지를 조금 남겨 둘 수 있을 것입니다.

하나님 아버지, 목표를 이루려면 무조건 엄청난 속도로 달려야 하는 것이 아님을 다시 기억하게 해주셔서 감사합니다. 조금 느리게 가더라도, 결국 우리는 목표에 이르게 될 것입니다. 그러기 위해서는 건강도 중요한 부분이라는 것을 다시 일깨워 주셔서 감사합니다.

진정한 소망

하늘에서는 주 외에 누가 내게 있으리요 땅에서는 주 밖에
내가 사모할 이 없나이다 내 육체와 마음은 쇠약하나
하나님은 내 마음의 반석이시요 영원한 분깃이시라
시편 73:25-26

우리에게는 너무 많은 욕구와 소원이 있습니다. 살면서 많은 것을 이루고자 노력합니다. 어릴 때는 새 자전거와 최신 전자 제품이 갖고 싶고, 청소년이 되면 멋있는 옷과 더 많은 전자 제품을 갖고 싶어 합니다. 성인이 되면 훌륭한 직장, 좋은 자동차, 멋진 집과 이상적인 가정을 원하지요.

무엇을 바라는 것은 좋습니다. 그러나 우리의 궁극적인 소망, 최고의 갈망은 주님을 향한 것이어야 합니다. 주님이 계셔야 할 자리에 그분을 모시면, 우리에게 필요한 다른 모든 것이 저절로 제자리를 찾습니다.

우리가 "다른 무엇"보다 언제나 하나님을 더 구하는 사람이 되었으면 좋겠습니다. 이것이 올바로 자리 잡으면, 하나님은 절대 우리를 실망하게 하지 않으신다는 사실을 금방 깨달을 것입니다. 많은 것이 생기기도 하고 없어지기도 합니다. 그러나 주님은 우리 마음이 힘이시며 영원한 진부이십니다.

주님, 우리가 바라는 것들만 생각하느라 그 너머를 제대로 보지 못할 때가 많습니다. 주님을 마땅히 계셔야 할 자리에 모셔야 한다는 것을 오늘 다시 기억하게 해주셔서 감사합니다. 우리가 가진 것들은 언젠가 먼지가 되어 날아갈 것입니다. 하지만 주님은 우리와 영원히 함께 계십니다. 주님을 찬양합니다!

교만

**교만은 패망의 선봉이요
거만한 마음은 넘어짐의 앞잡이니라
잠언 16:18**

가족 구성원 사이에는 교만이 들어설 자리가 없습니다. 누군가 좀 높아지려고 하면, 가족 중 누군가가 곧장 그의 교만을 무너뜨립니다. 교만의 문제점은 다른 사람을 낮추면서 스스로 우쭐하게 된다는 것입니다. 조심해야 합니다. 어떤 날은 세상의 왕이라도 된 것 같은 기분이 들겠지만, 어떤 날에는 완전히 굴욕적으로 바닥까지 추락할 수 있습니다.

하나님이 우리에게 자신으로부터 눈을 돌려서 하나님만 똑바로 바라보라고 주의를 주신 것은 그럴 만한 이유가 있기 때문입니다. 오직 하나님께 집중할 때 우리는 실패와 파멸을 피할 수 있습니다.

하나님 아버지, 각자 자기가 다른 사람보다 낫다고 생각하는 사람들이 한집에서 사는 것은 너무나 힘든 일입니다. 교만한 사람은 곧 넘어지게 된다는 주님의 말씀이 옳습니다. 그런 일이 우리 집안에서 일어나는 모습을 보고 싶지 않습니다. 우리 가족이 교만해지지 않도록 도와주소서. 우리 자신보다 주님을 먼저 구하는 가족이 되길 원합니다.

견실하며 흔들리지 말고

> 그러므로 내 사랑하는 형제들아 견실하며 흔들리지 말고
> 항상 주의 일에 더욱 힘쓰는 자들이 되라
> 이는 너희 수고가 주 안에서 헛되지 않은 줄 앎이라
> **고린도전서 15:58**

"동상 되기"라는 놀이가 있습니다. 동상처럼 꼼짝도 않고 서 있다가 누군가 와서 웃긴 표정을 짓거나 간지럽히면 녹아내리듯 움직이는 놀이입니다.

우리는 어떤 일에 온전히 헌신하여 열심을 다할 때도 흔들리지 않고 굳게 서 있기가 어렵습니다. 이와 마찬가지로 주님을 믿는 사람으로서 굳건히 서는 일도 힘들 때가 많습니다. 믿음으로 가득한 삶을 살겠다고 마음먹지만, 가족이 많이 아파서 입원을 하는 등 곧 어려움이 닥쳐옵니다.

이런 일에 영향을 받으면 굳게 서 있던 우리가 흔들리기 시작합니다. 다리의 힘이 풀립니다. 그러나 하나님은 선하십니다! 주님이 우리를 결코 포기하지 않으시는 것처럼, 우리도 자신을 포기하면 안 됩니다. 오히려 불가능해 보이는 때일수록 더욱 최선을 다해 굳게 서야 합니다.

하나님 아버지, 흔들리지 않고 굳게 서고 싶습니다. 주님이 우리의 다리를 붙들어 주소서. 우리가 모든 일에 온전히 헌신하여, 우리 수고가 헛되지 않도록 도와주소서.

내 입술의 문

**여호와여 내 입에 파수꾼을 세우시고
내 입술의 문을 지키소서
시편 141:3**

문을 잠그고 집을 나섰다가 몇 시간 뒤에 돌아왔는데, 문이 부서진 채 열려 있는 것을 보았습니다. 갑자기 두려움이 몰려오고, 안으로 들어가기가 무섭습니다. 다른 사람이 들어올 수 없도록 분명히 닫혀 있어야 하는 문인데 말입니다.

우리가 입을 제대로 단속하지 못하면 이와 비슷한 상황을 겪게 됩니다. 물론 나름 애쓰며 무심코라도 남의 험담을 하지 않으려고 마음먹지만, 머지않아 실수를 하고 맙니다. 때로는 우리의 입술에도 열쇠와 자물쇠가 필요한 것 같습니다.

오늘의 말씀은 바로 그 내용입니다. 우리가 하나님께 기도드리면, 하나님은 우리 입에 파수꾼을 세우시고 입술의 문을 지켜 주십니다. 오늘 그분이 그렇게 일하시도록 간구하십시오.

주님, 가끔은 부서진 채 그대로 열어 두는 문이 있음을 고백합니다. 우리 입술을 지키는 문이 항상 꼭 닫혀 있지는 않습니다. 하나님 아버지, 오늘 우리의 입을 지켜 주시길 기도합니다. 주님이 할 말을 주실 때만 입을 열어 말하는 우리가 되고 싶습니다.

주님의 음성

**나를 훈계하신 여호와를 송축할지라
밤마다 내 양심이 나를 교훈하도다
시편 16:7**

때로 우리는 주님의 음성을 더 분명히 듣기 위해 정말 조용한 곳으로 가야 합니다. 주님은 주로 우리가 거의 잠들려고 하는 깊은 밤 시간에 가장 또렷하게 말씀하십니다. 경적 소리, 아이들이 다투는 소리, 그릇이 덜그럭거리는 소리, 요란한 텔레비전 소리, 동료들의 떠드는 소리 등 일상의 소란스러움이 없을 때 주님의 음성을 더욱 잘 들을 수 있습니다.

우리에게 필요한 최고의 조언은, 이렇게 고요하고 조용한 순간에 들려옵니다. 앞으로 조언이 필요한 일이 생기면 잠자리에 누워 불을 끄고 잠들기 전까지 기다려 보십시오. 하늘에 계신 우리 아버지는 그 아늑한 자리에서 우리의 귓가에 조언의 말씀을 속삭여 주실 것입니다.

하나님 아버지, 잠들기 전 고요하고 조용한 시간이 정말 좋습니다. 우리가 가장 잘 들을 수 있는 시간에 우리에게 방향을 알려 주시고 조언해 주셔서 감사합니다. 주님과 함께하는 이 시간이 더없이 행복합니다. 정말 감사합니다.

우리는 한 가족입니다

**그러므로 이제부터 너희는 외인도 아니요 나그네도 아니요
오직 성도들과 동일한 시민이요 하나님의 권속이라
에베소서 2:19**

우리가 한 가족의 구성원이라는 사실은 정말 든든한 마음을 갖게 합니다. 사람들은 가족 안에서 소속감을 갖습니다. 이 세상에 자신을 지지해 주는 누군가가 있다는 것을 알게 됩니다. 하나님의 가족 안에서도 마찬가지입니다. 성도들과 함께 있을 때 우리는 자신보다 더 큰 전체의 일부가 됩니다. 우리는 나그네도 이방인도 아닙니다. 같은 시민이며 한 가족의 구성원입니다. 하나님 가정의 한 가족입니다.

지금 우리가 어떤 일을 겪든 상관없이 어딘가에 소속되어 있다는 것이, 그리고 우리와 같은 마음을 가진 사람들과 함께 모여 있다는 것이 너무나 신나지 않습니까? 가족은 우리 삶을 향한 주님의 놀라운 계획의 일부입니다. 가족을 주셔서 감사합니다.

하나님 아버지, 주님은 정말 우리 아버지이십니다. 우리는 주님의 자녀이며, 하나님 나라 왕실의 영광스러운 가족입니다. 주님의 가족이라는 것이 너무나 영광스럽습니다. 또한, 우리 주변에 우리를 진심으로 생각해 주는 사람들을 허락해 주셔서 감사합니다. 하나님 아버지, 사랑합니다.

사명선언문

너희가 흠이 없고 순전하여……세상에서 그들 가운데 빛들로
나타내며 생명의 말씀을 밝혀 _ 빌 2:15-16

1. 생명을 담겠습니다
만드는 책에 주님 주신 생명을 담겠습니다.
그 책으로 복음을 선포하겠습니다.

2. 말씀을 밝히겠습니다
생명의 근본은 말씀입니다.
말씀을 밝혀 성도와 교회의 성장을 돕겠습니다.

3. 빛이 되겠습니다
시대와 영혼의 어두움을 밝혀 주님 앞으로 이끄는
빛이 되는 책을 만들겠습니다.

4. 순전히 행하겠습니다
책을 만들고 전하는 일과 경영하는 일에 부끄러움이 없는
정직함으로 행하겠습니다.

5. 끝까지 전파하겠습니다
모든 사람에게, 땅 끝까지, 주님 오시는 그날까지
복음을 전하는 사명을 다하겠습니다.

서점 안내

광화문점   서울시 종로구 새문안로 69 구세군회관 1층
             02)737-2288 / 02)737-4623(F)

강남점   서울시 서초구 신반포로 177 반포쇼핑타운 3동 2층
             02)595-1211 / 02)595-3549(F)

구로점   서울시 동작구 시흥대로 602, 3층 302호
             02)858-8744 / 02)838-0653(F)

노원점   서울시 노원구 동일로 1366 삼봉빌딩 지하 1층
             02)938-7979 / 02)3391-6169(F)

일산점   경기도 고양시 일산서구 중앙로 1391 레이크타운 지하 1층
             031)916-8787 / 031)916-8788(F)

의정부점 경기도 의정부시 청사로47번길 12 성산타워 3층
             031)845-0600 / 031)852-6930(F)

인터넷서점 www.lifebook.co.kr